ジツゴト

2000の役を生きた俳優・織本順吉

中村結美

はじめに

真実と虚構の狭間で

ジツゴト【実事】

1　歌舞伎で、判断力を備え、人格的にすぐれた人物の精神や行動を写実的に表現する演技。また、その演出。

2　真実であること。真剣であること。

２０１５年の夏、「父とどう向き合えばいいのか」、不安にかられながらカメラを手にした時には、それがこんな長いプロジェクトになるとは思いもよらなかった。認知症の兆候が見られ始めた父に、少しでも客観的な視点で立ち向かうため、辻褄の合わない不思議なことを口走る、父の心の軌跡を記録するため、カメラを回し始めただけだったのだから。

とはいえ、やはりカメラで撮りきれなかったものも多かった。また編集で前後を切ってしまったため、ご覧いただいた方から「あれはどういう状況だったのですか?」と聞かれることがあり、伝わらなかったあれこれを申し訳なく思っていた。これまで映画や番組をご覧いただいた方や、あるいは織本順吉という俳優に何となく興味を持って、この本を手に取って下さった方に、また「俳優業を七十年やるってどういうこと?」という疑問をお持ちの方に、地味だけど地味なまま、テレビという虚構の世界の中で、〃ジツゴト=写実の演技〃を極めようと最後の最後まであがいた一人の老人の最後の数年間を、そのまま〃ジツゴト=真実であること〃としてお届けしたい。そう思ってこれを書かせていただいた。

果たして私の見た、カメラが切り取った父が、真実の姿であったかはわからない。それは永遠に藪の中だ。「最後まで演じ切ってやった」と、あの世で舌を出しているかもしれない。でも、当の父が一番よく知っているはずだ、演技というものが役者の実を鏡のように映し出すものだということを。とすれば、この虚の中にこそ、父の実が込められているのだろう。そして私は、虚と実の狭間の中に、父の真実を探し続けるのだろう。

うしろから撮るな

俳優織本順吉の人生

うしろから撮るな
俳優織本順吉の人生

2024年／日本／カラー＋モノクロ／82分

◆登場人物	織本順吉／中村矩子
◆プロデューサー	正岡裕之
◆編集	山内洋子
◆音響効果	金田智子
◆ポストプロダクション	株式会社千代田ビデオ 3ONE 大野雅信 田村陽介
◆アシスタントプロデューサー	小林ひろ子
◆資料提供	ユニオン映画
◆協力	山谷哲夫 万代博実 株式会社アルファエージェンシー
◆制作	有限会社かわうそ商会
◆監督・撮影	中村結美

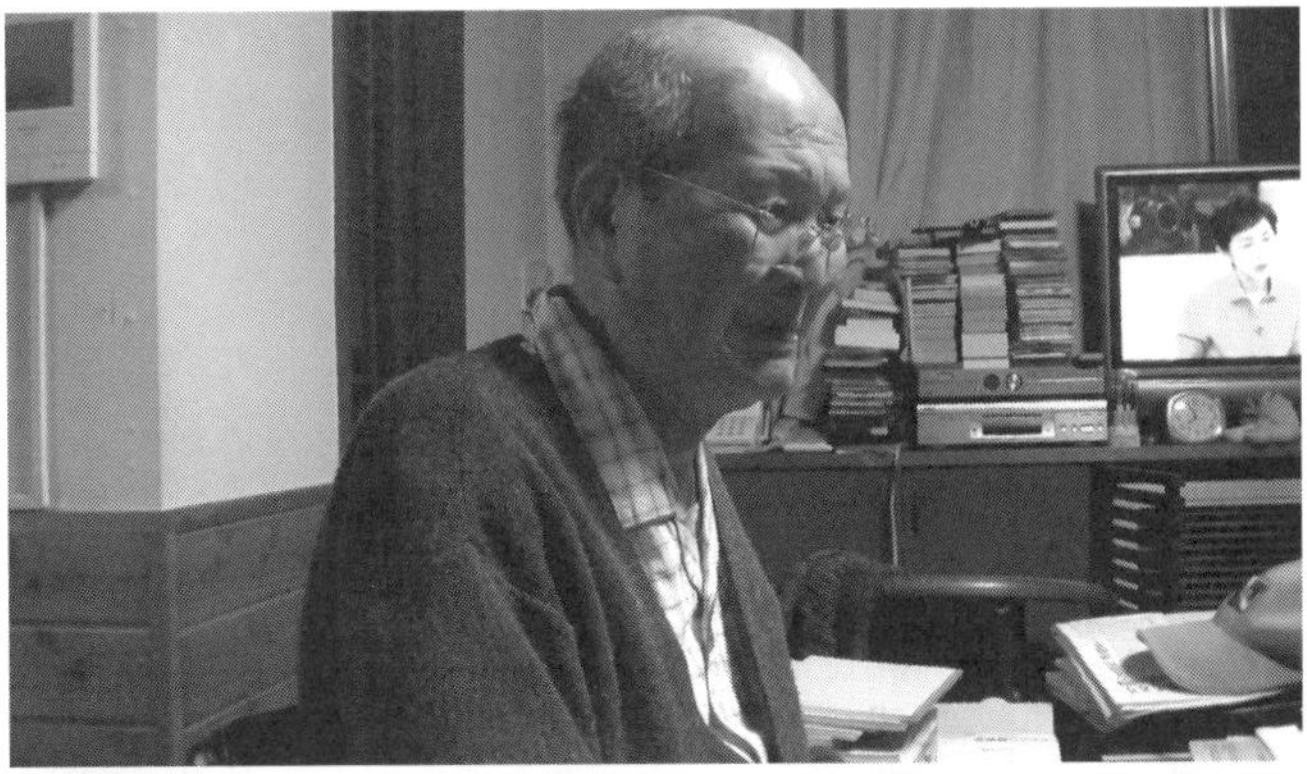

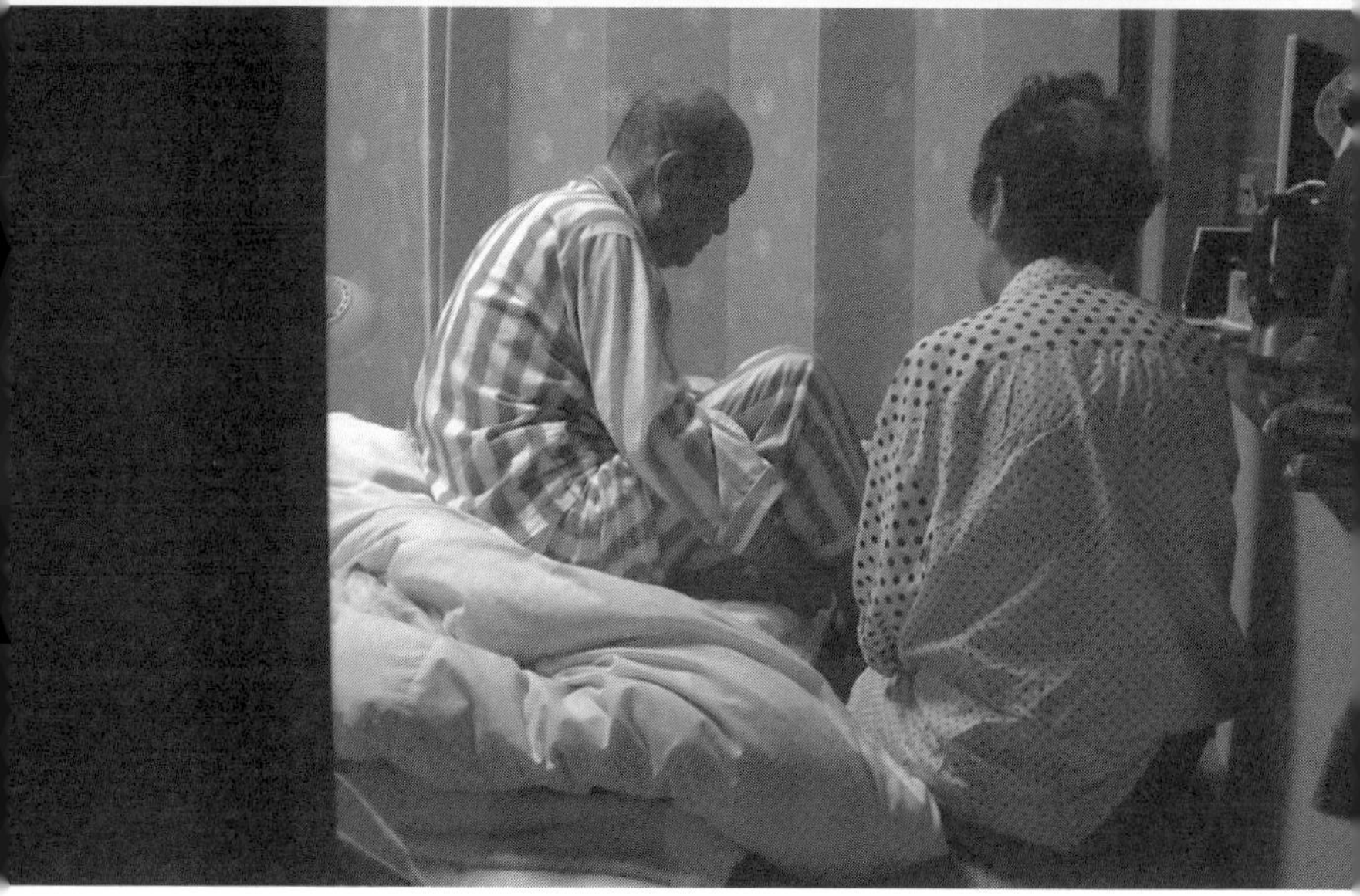

虚実皮膜の全身役者

佐野史郎（俳優）

「うしろから撮るな！」と怒鳴ったのはどういうことかというと、「どういう死に方をするかわからないわけだよ、そうするとうしろから撮られてるその瞬間も、俺はある種死ぬ覚悟を持って、カメラの客観に入ってんのかなっていうね、そういう感じだと怖くなって来るんだよ自分が」と織本順吉さんが、あるいは中村正昭さんが、娘の、そして監督の中村結美さんに弁明している、心情を吐露しているシーンが印象的だった。「うしろから撮るな」はこの映画のタイトルでもあるので、観るこちら側にもその言葉が引っかかったことはあるのだろうけれど、果たしてその弁明は正直な言葉なのだろうか？　と、燻るような感覚を覚えた。

それは、もしかしたら、後輩の同業の俳優として、自分にも思い当たる節があるからなのかもしれない。

フィクションの映画やドラマの撮影現場であるならば、後ろから撮られることは事前に知ることができるので、当然、その視線を意識して与えられた虚構の役柄を演じる。けれど、「ハイ、本番!」「ヨーイ、スタート!」の声がかかれば、俳優ひとりひとり、その心持ちは違うかもしれないけれど、物語を生きるのに精一杯で、どこから撮られているかは、もちろんわかってはいるけれど、それどころではなく、また、相手役や周囲の気配を受け止めることに神経を開いて集中しようと、どこから撮られているかは、なるべく意識しないように努めている。意識せずとも、否が応でも感じてしまうし。

このドキュメンタリー映画を通しての撮影現場の織本さんを観る限り、織本さんもまた、「どう撮られるか」よりも「与えられた世界をどう生きるか」に懸命であったように感じられる。それは私が映画デビューして間もない頃から何度か共演させていただいてきたなかで、また、私が監督した映画「KARAOKE」で、主人公の父親役を演じていただいた時にも感じていたことでもある。

この、織本順吉さん主演の遺作、ドキュメンタリー映画では、けれど、後ろから撮られていたことには気づかずに、もしくは、ふと忘れてしまい、カメラに対して無自覚であった自分に対して苛立ったように感じられた。

その瞬間こそ、織本さんが目指していた演技……と言っていいかどうかはわからないけれど、被写体として目指す姿ではなかっただろうか？　とも思うのだけれど。奥さんに、「これだけ一所懸命やってて、なんでそんなに怒られなきゃいけないの！」と叱咤された後の「もう、いいよ」も同様に。

ただただ、「役者なんだから、演じていない無防備なみっともない姿をカメラの前に晒させるなよ！」と苛立っていたように感じてしまう。

単純に、弱っていく己の姿を盗撮されるとカメラのレンズの向こうの世界が黄泉の国であるかのようにも思われ、引っ張られるようで恐ろしく感じていらしたのかもしれないけれど。

死神に魅入られるような？

「生きたい」「演じたい」と、弱った体に喝を入れて？

そうしてセリフが覚えられなくなったことを認めまいと、車の運転を自粛するよう促されたことに対して、撮影現場で、家庭で、言い訳をし、老いた心身と格闘しながらもがき苦しむ姿をカメラの前に晒す。

作品中語られる生い立ちから、力あるものたちから追いやられた人々に心寄せる姿が浮かぶ。戦中戦後を生き抜いてきたなかで、プロレタリア演劇に身を投じ、大衆に身を晒し、世を問う役者の想いがどのようなものであったのかにも惹かれる。

その心身の奥底には、争うことの困難な権力や大衆の眼差しに臆してその身を攫われたりはしないぞという強い無意識があったのではないかと想い巡らせる。

この映画も、そうして、あらいざらい晒しても、屈しない姿を見せつけたかったのだろうか？　あるいは権力や大衆に、追いやられた人々の心情や存在を突きつけ、浴びせようと立ちはだかったのだろうか？

その無意識を映されないよう、後ろから撮られないように気をつけながら。

ともあれ、織本さんは、やはり、全身役者であったのだろう。

死の間際まで実人生を俳優として演じ切ったのだから、「こんな幸せな役者はいないよ」の言葉もまた、結果としてこの映画の台詞ともなるけれど、虚実を超えた真実なのだろう。

「体のこの辺にな、演じる役がいつもまといついてんだよ」と、俳優の仕事を離れた後、苦悩する織本さんの姿。

その言葉もまた、本心なのだろうか？　と思ってしまう。

このドキュメンタリー映画が、実はすべてフィクションのシナリオで、織本さんは台本に書かれてある通りの台詞を喋っていただけだったとしたら、どうだろう？

演じる役が体から離れないのではなく、「役を身にまとわせたいと手繰り寄せるのだけれど、その手綱が、この両の手から、するすると滑り抜けていくんだよ」という無意識の想いを意識して台本の台詞通りに演じていたとしたら？

机の上に積まれた何十冊もの撮影を終えた台本も気になる。そのために役がいつまでも体にまといついてしまっているのではないだろうか？ あるいは手繰り寄せていたのではないだろうか？

虚構に生きなければ、戦前、戦中、戦後と過ごしてきた後の、ねじれた現実を生きることが困難なんだと、切実な想いをぶつけて。

家族の正面からぶつかりあう姿は、おそらくカメラが回っていなくても同様なのだろうと想像するが、それは大いなる信頼と愛情がなければ成り立たないだろう。若き頃に共に俳優として過ごしていたご夫婦の、ご家族の、生涯をかけたこの作品は、家族のあり方を観るものに投げかけ、受け止めることで初めて完成するのだろう。

織本順吉（おりもと・じゅんきち）

◆1927（昭和2）年2月9日、神奈川県生まれ、2019年3月18日没。本名・中村正昭。5歳で実母を15歳で父を亡くす。

◆1945（昭和20）年神奈川県立工業学校在学中に徴兵検査を受け甲種合格するも、そのまま終戦を迎える。卒業後は徴用先の大手電機会社に勤務。そこで労働者演劇にふれ、1949年に村山知義率いる新協劇団へ入団し、舞台『破戒』で初舞台を踏む。

◆1954年、岡田英次、西村晃・木村功・高原駿雄らと劇団青俳を結成、翻訳劇、安部公房ら新進作家の手がける新作劇などに幹部俳優として出演。独立プロダクション系の映画…1952年「山びこ学校」（今井正監督）、1953年「雲ながるる果てに」（家城巳代治監督）、「女ひとり大地を行く」（亀井文夫監督）、などに、劇団俳優と共に数多く出演。1955年「美わしき歳月」（小林正樹監督）◆1956年「真昼の暗黒」（今井正監督）などで印象を残す。

◆70年代は、1973年「男はつらいよ 寅次郎忘れな草」（山田洋次監督）、1974年「仁義なき戦い 完結篇」（深作欣二監督）などに出演。またテレビドラマにも多数出演。NHKの連続テレビ小説『マー姉ちゃん』、TBS日曜劇場や『水戸黄門』『大岡越前』、日本テレビ『伝七捕物帳』、フジテレビ『銭形平次』など時代劇にも出演。

◆80年代は二時間ドラマを中心に、2000年代はTBS『3年B組金八先生』第5シリーズ（小山内美江子脚本）の大西元校長役などで活躍。

◆80歳後半を迎えた2010年代もTBS『夜のせんせい』『Nのために』、フジテレビ『それでも、生きてゆく』『最後から二番目の恋』、日本テレビ『スーパーサラリーマン左江内氏』、NHK『まんまこと～麻之助裁定帳～』『水族館ガール』『キルトの家』、WOWOW『5人のジュンコ』、映画「はやぶさ遥かなる帰還」（瀧本智行監督）、「土竜の唄 潜入捜査官REIJI」（三池崇史監督）「0.5ミリ」（安藤桃子監督）、「blank13」（齊藤工監督）に出演。遺作ドラマは、『やすらぎの郷』（倉本聰脚本）。

◆プライベートでは1954年頃、劇団青俳の研究生だった中村矩子《のりこ》と出会い、1960年に結婚。長女・結美が誕生。

◆1963年次女・菜美が誕生。1964年より妻子は神戸、織本は東京という別居生活を25年にわたって続ける。

◆1979年11月25日、劇団青俳倒産声明（新聞に戦後初の劇団倒産として記事が掲載される）。

◆1980年4月28日より、創立メンバーが社長を相手に損害賠償を求める民事裁判を起こす。

◆1986年より、上京し放送作家になった結美が同居、二人暮らしを始める。

◆1988年、ゴルフ好きが昂じて、那須に居を構える。

◆2000年、『3年B組金八先生』第5シリーズの出演時に、自宅にて心筋梗塞を起こす。緊急入院しカテーテル手術を行い、病院から医師の付き添いの下、ラストの出演場面を収録。

◆2019年1月5日、自宅にて転び立ち上がることができず、救急車で搬送され入院、加療。心臓が弱っているとの診断で。

◆2019年2月9日、院内で92歳の誕生日を迎える。

◆2019年3月18日、老衰のため死去。

ジツゴト

2000の役を生きた俳優・織本順吉

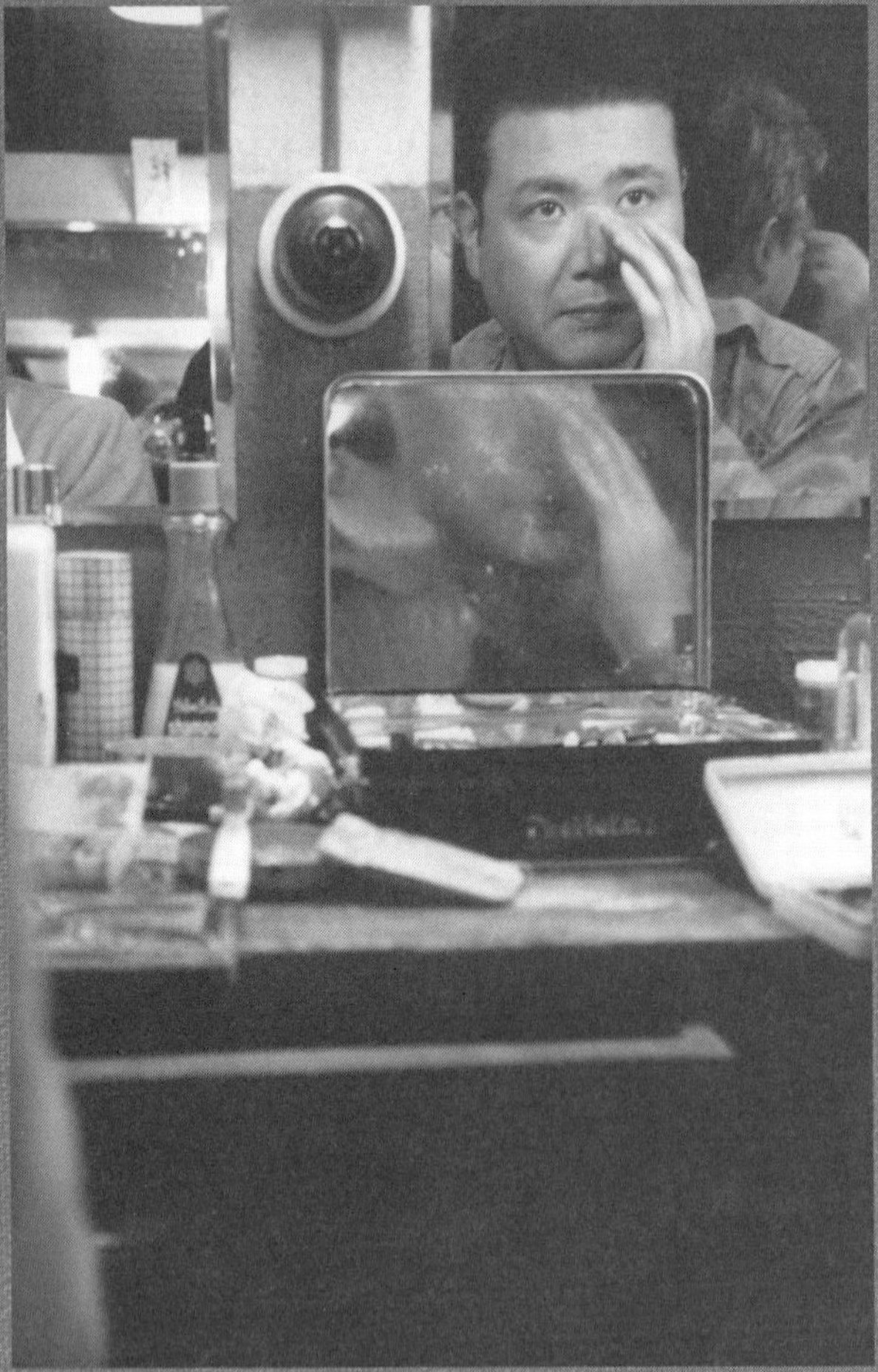

第一章　末期の息が撮りたくて……

「父が死ぬ瞬間の、最期の呼吸を撮りたい」――
それが、老いた父を撮影し始めた時、終着点として願ったことだった。なぜなら、晩年、カメラを向ける私に、父が憑かれたように話したのが「演技は呼吸だ」という言葉だったからだ。

舞台俳優としてスタートし、映画を経て、テレビを主戦場として約七十年間、脇役一筋に生きた織本順吉。度々口にしたのは、「テレビドラマは、日常なんだ」ということだった。日常を演じる……という非日常的なことをいかに当たり前に見せるか。隣で吊革を握る人や向かいで牛丼をかきこむ市井の人々を、役者が違和感なく演じること。それがテレビドラマで脇役に求められる演技だと、父は自分の体を通して感じ、それを全うし続けていた。

テレビの中、ドラマの物語の中という虚構の世界にいても、そこに生きて生活している人のように、存在すること、自然体であること。どうやればそれを表現できるか。考えに考えて父が見つけた極意が……「生きて存在するとは何か、それは呼吸することだ」ということだった。演技を演技に見せず、ただそこに存在するように見せるには、自然体で呼吸をしてそこに居て、呼吸をするようにセリフを言えばいいのだと。例えば、死者を演じる時でも「死体は息をしていたらおかしいから息を止めるだろ？　でもそうすると不自然なんだよ。息を止めると体は緊張するからね。死体が緊張していたらダメだ、弛緩してなきゃいけない。そのためには、息を止めちゃダメなんだ」。

もちろん、息をしてる…とわかるようでは問題外。パッと見、わからないよう静かに息をして『肉体を緊張させずに、死体になるのだ』と言う。ドラマという虚構の中で、「いかに、自然に見えるか」を突き詰め、わずかな登場シーンでも、何年もそこで暮らしていた人のように存在すること。さらに役柄や、物語の展開によって、その人物の個性を、濃くしたり薄くしたりしてキャラクターを立たせること。その調節も「呼吸次第だ」と父は言った。

「セリフというのは、引く呼吸で言うとリアリティが出る。例えば、ヒッと息を呑んで口ごもった後に、かすかな声でセリフを言ったとする。……すると、大したことを言ってなくても、『何か大切なことを言ってるんじゃないか？』というニュアンスが出る。テレビを見ている人も、耳を傾けて集中して聞く。するとセリフの内容が伝わり、その役柄も重みを増す。ただ、いくらリアルだからと言っても、引く呼吸でばかり演じていると、地味になるんだ。逆に、派手に見せるには、吐く息で芝居をしなきゃいけない。吐く息で演じる芝居には、華が出るんだ。芝居も大きくなる。ただ、深みはなくなるんだ。だから吐く芝居ばっかりやっちゃうと、派手だけど味が無くなっちゃうんだ…」。

この論で行くと、主役は「吐く息多め、たまに引く息」、脇役は「引き息多め、たまに吐く息」ということになるのだろうか。ドラマによくある〝訳あり独居じいさん〟を演じる場合、前半生に対して深く反省して生きる人なら、「引く息」で。逆に昔の悪い仲間とつきあいもあるような一癖ある老人なら、「吐く息」で演じるという感じだろうか。大抵のドラマは賞味45分、脇役に割ける時間は少ない。役に設定があっても台本に芝居として表現されることは稀だ。だがこの呼吸に乗せた芝居をうまくやりこなせば、出てきた瞬間の佇まいで、その老人がどんな背景を背負った人物か表現することができる。

吸って吐いて、吸って吐いて。誰もが日常やっていること。でも、この呼吸次第で、自律神経を整えたり、人前で上がらないようにするための平常心も保てるという。カメラの前という特殊な場所で、日常のように呼吸できれば、それだけで自然体の演技ができる……それが、脇役俳優・織本順吉の演技の基礎であり、極意であるというわけだ。

そんな父の持論を反芻しながら私は考えた。「では父がその生を終える時は、一体どんな呼吸をするのだろう?」七十年以上、ありとあらゆる日常の体験を、演技で再現してきた父。だが未体験の〝末期の息〟は、観察と想像を駆使して表現してきたはず。さんざん死ぬ役も演じてきた父だけど、果たしてこれまでの死の芝居は、どれぐらいリアルだったのだろう？　未体験の〝末期の息〟は、これまでの芝居と同じか、違うのか？　違うとしたら何が死のリアルなのか？　不謹慎だけども、その答え合わせを記録したい！　そんな思いが胸に沸き起こったのだ。父本人から「何を撮られてもいい。俺の死の瞬間だって、撮っていいんだよ」と言われたこともあって、その言葉を受けて立ち、真っ向勝負したいという思いもあった。

２０１９年１月。自力で立ち上がることができなくなり、父は緊急入院した。心臓が弱っているという診断を受けたが、入院して処置を受けると徐々に回復していった。だが、嚥下能力が衰え、食事をうまく飲み込むことができなくなり、経管栄養に切り替えた。誤嚥するからと、水も口から飲むことは禁じられた。入院時に「延命処置は望まない」ということはお伝えしてあったので、栄養点滴は続けていたが、徐々に痩せて衰弱していった。

元々、タバコを手放せないヘビースモーカーだった。お酒はもちろん甘い物も大好きで、家でのコーヒータイムには、必ず甘いお菓子を口にした。そんなこんなで、かつては太っていたが糖尿病になって別人のように痩せた、甘い物は毒とわかっていても、朝食前、昼食後、深夜寝る直前に、おやつを口にした。夕食の時間が早いので、明け方の低血糖を防ぐためでもあるのだが、三食＋三回のおやつ。四十代から五十年も糖尿病を患ってきた割には、自覚して節制しようという意識が、殆ど無かった。

昭和2年生まれとしては珍しい174センチの長身だったが、四十代の頃は体重も80キロ近くあったと思う。アンパンマンのようにパンパンにふくれた頬。四角い顔が丸く見えて、小太りな体形。白い開襟シャツを着れば、叩き上げの所轄の刑事。派手なシャツを着て悪役を演じても、どこか憎めないキャラクターが売りだった。年齢を重ねると糖尿病が悪化して徐々に体重は減った。七十代以降は痩躯となり、背中も曲がって小柄になり、そのあたりに居そうな貧弱な体格の老人になった。だが食欲は変わらず旺盛で、母が並べる料理の品数が少ないと不機嫌になったし、必ず最後はご飯で〆て、飯用のおかず……香の物や佃煮など……が用意されていないと、当てつけのように、大根おろしやドレッシングをかけて、白飯をかきこむのが常だった。そうやって好きなように好きなものを、好きなだけ食べて生きてきた人が、病院に入ると「何も口に入れてはいけない」と絶食を命じられた。家にいてワガママ放題にしている時とは、大違い。さぞ空腹を感じていただろうと思う。

お見舞いに来てくれた根岸季衣さんに、「飴かなんか持ってない？」とねだったこともあった。ついには何もかもが食べ物に見えたようで、妹のセーターの毛糸のボンボンを突然ちぎろうとしたり、点滴台の丸いネジを指さして「その大きなアメは食べられるの？」と問いかけることもあった。戦後の食糧難や、食うや食わずの貧乏劇団員時代より辛い、人生最期に訪れた飢餓状態……。なぜ今自分はこんなに空腹なのか、食べ物をもらえないのか、朦朧とする頭では、納得できなかったのだろう。不思議そうに、日々浮き上がっていく自分の肋骨を指でなぞっていた。家族である私たちは、看護師さんから「何か与えて誤嚥すると、肺炎の高熱で苦しむことになります」と言われていた。「どうしても水を欲しい……と望む場合は、こちらでやりますから」と言われ、諦めざるを得なかった。死の数日前の体重は30キロ台。薄くなったお腹を叩き、訴えかけるように声を上げる父を見て、映画「楢山節考」が頭をよぎった。これは、現代の「楢山節考」だ。昔の人たちが老人をお山に捨てて、誰の目にもふれないところで餓死させたように、現代は病院というお山に老人を預けるんだなと。

「心臓が弱って、いよいよ危ない」という連絡がきた。「急がなくても大丈夫です。慌てずに来てください」と言われ、母、妹と共に病院に向かった。すぐにも枕辺に付いて見送るのかと思ったら、先生が回診中なのでしばらくお待ちください、とのこと。ようやくやってきた先生に、「本人との約束でもあるので、最期の瞬間を撮影させて欲しい」とお願いしたが、「その判断は病院長の権限です。病院長に聞かないと許可できません」と押し問答になった。その間に父の容態は悪化、結論の出ないまま、看護師たちと病室になだれ込んだ。すでに父の瞳は乾いていて、口も開いたまま……しばらく見ていたが呼吸が復活することはなかった。医師に頼んで、その死に顔だけをスマホで撮影した。

「ご臨終です」

父の顔は、これまで見たどの死に顔とも違っていた。作意が一切ないというか、人間というものが宿っていない、セミの抜け殻のような肉体が、ただそこにあった。見られることを誰よりもよくわかっていた人間が、その自意識を放出し尽くして、ただ枯れている。まさに死ななきゃできない死に顔がそこにあった。その顔を父に見せてやりたかった。「お父さん、これだよ！　これが本物の死に顔だよ」この自分の死に顔を目にすることがあったら、父は芝居で再現しただろうか？　そして、この死に顔から、どんな演技のコツを得ただろうか？

第二章　役者の処世と芝居の極意

父はなぜか何シーズンも続くレギュラー番組を持ったことがない。1クール13回、2クール26回。テレビ小説や大河ドラマなど、半年一年という単位のお仕事はあっても、何年にもわたり同じ座組のまま家族のような関係で継続するような、長寿番組のレギュラーは避けていた。実生活で家族をうまくやれなかったように、役者としても家族のような関係性で続くチームを避けていたのだろうか。父から聞いた話だが、ある時同じ顔触れの役者たちをファミリーと呼んで、家族ドラマを書く大物脚本家から仕事のオファーがあった。その仕事がうまくいき、お礼にということで脚本家から高価な贈り物をいただいたという。聞くところによると、その先生のファミリーに仲間入りするには、贈り物をいただいたら、さらに高価なものをお礼として送り返すのが慣例なのだそうだ。家族にもプレゼントなどしたこともない父が、いただいたものの値打ちを理解し、相手の気に入るそれ以上の品を用意できたとは思えないし、レギュラーの座組に加わることもなかった。父はずっと、おつきあいは間食の差し入れ程度で、それも事務所のマネージャーさんたちの世話になっていたが、主役を演じる座長格のみなさんは色々大変だ。撮影の大変な日は特別高いお弁当を振舞ったり、温かい料理が食べられるキッチンカーを呼んだり、工夫を凝らしている。そんな差し入れのおつきあいだけではなく、本来の仕事……演技のやりとりでも「座長と呼ばれる主演俳優もピンキリ。ゲストに心を尽くし、花を持たせる人が居れば、その反対で見せ場を奪う人もいる」と父は言っていた。例えば、『鬼平犯科帳』。第4シリーズの17話で、父はかつての大盗賊・砂堀の蟹蔵を演じた。エンディング間近、その蟹蔵が小田原まで出張ってきた火盗改の面々に引き立てられる場面。座っている蟹蔵に手をかけ、捕り方が立たせようとすると、中村吉右衛門さんがこう言ったという。「いやいや、この蟹蔵はかつての大盗賊、自分で観念する。それを受けた方がいいよ」。そうやって、父が観念して立つ見せ場を際立たせ、ゲストである父に花を持たせ、さらに捕り方にその芝居を受けさせることで、情のある鬼平の手下たちの見せ場を作ってくれたのだった。一方、二時間ドラマの主役で知られるある俳優を見て、ある時父が吐き捨てるように、こう言った。「こいつは嫌な奴なんだ。人の芝居を、み～んな盗っちゃうんだ」。どういうことかと言うと、例えば、やりとりがあって、そのシーンのシメがゲストという時。最後は当然ゲストのセリフで、画はゲストの顔のアップということになる。ところがそこにさらに主演俳優が大げさなリアクションをかぶせて来たら……。当然、カメラはそちらを押さえるし、シメのカットも主演俳優ということになり、ゲストの見せ場は奪われてしまう。些細なことではあるけれど、主演には主演としての見せ場がたっぷりあるのだから、そういうちょっとした芝居どころはゲストに花を持たせるものだけど、その人はみ〜んな意地汚く持って行ってしまうのだそうだ。なるほどね、なぜか画面で見ると厚かましく感じていたけど、そういうことかと納得した。父は決して、座長格の役者さんに尻尾を振ったりもしないが、敵を作ったりもしないタイプだった。ただ、出番の多い座長がゲストの役者の見せ場まで奪うことは許せなかったのだろう。またピンポイントでカメオ出演する役者が、爪痕を残そうと、そのシーンのバランスを崩してまで過剰に芝居することも嫌っていた。思い付きのその場限りのギャグやアドリブは特に。全体が壊れるからと言って。

台本を覚える時は、まずサラッと読んで全体を把握する。その後、自分のセリフをしっかり読み、口になじませる。そして一旦、忘れる。そして日常生活に戻り、全く関係ないことをしている時にセリフが出てくるか、スラッと出てくるようになるまで、何度かセリフを入れることを繰り返す。この「一旦、忘れる」というのが大事なのだと父は言うのだ。現場では、色々なことが起きる。必ずしも集中できる環境でないこともある。そんな悪条件下でも、セリフが出るようにしておくこと、それが重要なのだと。自分の出番が少なければ、印象を強くするため、目立つことをしたくなることもある。だが、それがシナリオや物語全体の邪魔になってはいけない。それは固く戒めていたようだ。例えば、電話をかけて話すというシーンで、相手の言葉に「え?・」というリアクションするとして、受話器をもったままズッコケるというようなアドリブをする人が居る。そういう芝居を徹底して嫌った。もうちょっとオーバーにやれば、コミカルになり、もっと印象が付くと、わかっていても、そうしなかった。高級な芝居をしようということではないけど、品位を落とすことだけはしたくない、それが新劇役者としての父の矜持だったのかもしれない。

悪目立ちしないで、自然に見せる……ドラマの中でも市井の人に見えるように……ということでは、役作りのために「歯」にも気を遣っていた。高価な義歯やインプラントということではない。晩年は入れ歯だったのだが、歯……、入れ歯の一本一本が自然に見えるように、人工の造りものでなく、自分自身の本物の歯を並べて、義歯にしていたのだった。自前の歯だから、黄ばんでいるし、揃ってもいない。でもそれが自然でいい……と思っていたようだ。大河ドラマで、歯に汚しをかけた役作りが話題になったこともあるように、確かに、歯はそのキャラクターの生活レベルを表現する上で重要な要素なのだ。父の場合は歯槽膿漏になり、早くからきれいな歯が何本か抜けてしまったということがきっかけとしてあったのだろう。歯科医から「その歯を捨てずに生かしませんか?・」と提案されたのではないかと思う。

ヤクザ、刑事、漁師、教師……、色々な職業を演じた父だが、その演じ分けにも、面白いことを言っていた。「職人はよく手を使う仕事、弁護士はよく頭を使う仕事……、それを自然に表現するには、自分の一番大事な商売道具を見せちゃいけない、隠すんだ。職人なら手を隠す、手を動かす芝居はしちゃいけない。しょっちゅう手を動かしてる落ち着きのない職人なんかに大事な仕事、まかせられないだろ？　弁護士なんかの場合は頭を動かしちゃいけないんだ、軽く見えるから。よく物を考えてる人は、頭を動かしたりしないもんだ」。

さまざまな方言も使い分けたが、それについても……「方言は、あんまり完璧にやってもいけない、全国放送なんだから。今ではテロップで意味を伝えたりするのが当たり前になってるけど、完璧に方言ができたとしても、意味がつたわらなきゃそれは単なる自己満足。方言指導のイントネーションはもちろん真似なきゃいけないけど、あくまでセリフがわかるようにやる、それを忘れちゃダメだ」。

父が亡くなって、焼き場で骨上げの時、立派に残ったお骨のそばの空間を係の人が示し、「こちらが入れ歯です」と言った。そこには、金属の土台だけが上下二つ残っていて、歯は溶けていた。高価な義歯も自前の歯も、最期は溶けてなくなるのだなと思った。

第三章　演技のコツ——わかりやすく演じてはいけない

父は晩年、ほとんどドラマを見なかった。見ていると「腹が立つ」と言って。お笑い芸人や、大手事務所のアイドルばかりがキャスティングされることや、映像に凝ってばかりで、ドラマのルールを無視した演出にイライラするから……というのが理由だった。芸人でもアイドルでも、センスのある芝居のできる人はいるのだが、七十歳を過ぎたあたりから、そんな情報をアップデートすることを放棄していた。だから台本をもらっても主演が誰だかわからないことが、しばしばあった。そんな時、助け舟を出すのは母で「それはアイドルグループ○○の△△、紅白歌合戦にも出てたでしょ」と父に教えた。そして、「話すことに困ったら、『うちの女房が君のファンなんだよ』と言いなさい」とも。それは、現場で、高齢のベテラン俳優が黙ったままムスっとしていたら、まわりが困るだろう…との母の配慮だった。とはいえ父は、とても外ヅラの良い人だったので、家で口汚く悪態付く様子など、現場ではおくびにも出さず、機嫌よく接していた。一つには、どこの現場に行っても最高齢で、常に気を遣われ、大事にされていたから……ということもあったと思う。

ＴＢＳの帯ドラマに『さかなちゃん』（１９７６年、脚本・岩間芳樹、主演・五十嵐めぐみ）という番組があった。当時、テレビ小説はＮＨＫだけではなく、ＴＢＳでもポーラテレビ小説という枠があり、新人女優の登竜門となっていた。『さかなちゃん』は、宮城県の塩釜漁港を舞台にベテラン漁労長（高松英郎）を父に持つヒロインが市場で働きながら、男勝りにも「漁船に乗りたい」という夢を抱いているという話だった。名高達男さんは、後にさかなちゃんの夫となる水産研究所・所員の役で、これがデビュー二作目のドラマだった。毎日15分の放送があるテレビ小説は、リハーサルと本番で週五日が現場。そこに一週間分の台本が届くから、新人の場合わずかなプライベート時間は、セリフを覚えるのと寝るだけで精一杯……ということになる。「現場で、あれこれダメを出されると混乱して、何がなんだかわからなくなってしまうこともありました。そんな時に織本さんが、『もっと自然にやれなんて突然言われてもできないよな。新人なんだから、当たり前だよ。俺だって若手の頃はできなかったよ』と声をかけて、緊張をほぐしてくれたんです」と話してくれた。「地獄に仏、というんですかね。何より救われた気分だったし、温かさが本当にありがたかったです」と、名高さんは話してくれた。その後、共演する機会はトンとなかったのだそうだが、父の遺作ドラマとなった『やすらぎの郷』（2017年、テレビ朝日、脚本・倉本聰、主演・石坂浩二）で、四十数年ぶりの共演をすることになり、撮影当日は早々に楽屋挨拶に来て下さった。再会を懐かしみ、老いた父をいたわってくれる名高さん。実は名高さんの役は、「やすらぎ財団」の理事長であると共に、父の演じた加納英吉の娘婿という設定。足が弱っている上に、前夜あまり眠れておらず、セット内の移動もおぼつかない父に、名高さんはずっと寄り添い、立ち座りの介助まで、かいがいしく手伝ってくれていた。あえて言わせてもらうが、本来の父は人に対して、親身に接するタイプではない。その数少なく親身に接した俳優仲間が、四十数年ぶりの共演で、その恩をこまやかに返してくれるなんて、なんと幸せなことか。

フジテレビの『最後から二番目の恋』では、中井貴一さんと共演した。父は、鎌倉在住で市の観光推進課職員である長倉和平にしょっちゅうクレームの電話を入れる老人・一条さんの役だ。この一条さん《鎌倉の伝説のサーファー》という裏設定があり、若い頃はかなりヤンチャをしていたファンキーな老人。だから長年連れ添った老妻がいるが、キャバクラのお姉ちゃんたちと♪Choo Choo TRAINは歌うし、エロ本もコレクションしているし、妻の留守に飲むのはお茶ではなく酒なのだ。第3話で長倉を家に呼んで日本酒を飲む場面、最初用意されていたのはぐいのみのような酒器だったそうだが、父はスタッフに「こういう隠れて飲む酒は、わかりやすくちゃダメなんだ」と進言して湯飲み茶わんに小道具を変えたそうだ。それが老妻の留守に市の職員と隠れて飲む昼酒の感じにリアリティを持たせていた。父は貴一さんの父親である佐田啓二さんとも若い頃共演している。『美わしき歳月』（1955年）という松竹映画で三人の男性主人公が佐田啓二、木村功、織本順吉なのだ。二枚目二人に対して工員出身の汚れ役が父なのだが、青春映画の主人公の一角というのは父としてもかなり珍しい作品だ。父が言うにはドラマ『最後から～』の撮影中、裏路地のちょっとした石段などで父がフラフラしている時、ふと振り返ると必ず後ろについて「いつでも支えますよ」という体勢でいてくれたのが貴一さんだったという。そしてそれが「不思議なんだけど、若い頃の佐田啓二さんと同じなんだ。佐田さんもそういう気の使い方をする人だったんだよ」と。佐田啓二さんは貴一さんが二歳の頃に亡くなっているので、当然父親のそういう姿を貴一さんが知っているはずもないのだが、やはり親子はそういうところが似てくるのか。貴一さんには、「このドラマが好きだから、続く限りは出してよね」ともお願いしていたそうだ。

さて共演も多く、事務所が一緒でプライベートでも仲良くしていただいた方に、根岸季衣さんがいる。「織本さんには、た～くさん、飲ましてもらったなぁ」と根岸さん。時代劇で京都の撮影所に行くことになった時には、父が「何か困ったことがあったら、俺の娘だって言えばいいから！」と言ったらしい。と、言うのも、京都の撮影所は独特なお作法があって、例えばメイク一つとっても、撮影後のメイク落としの面倒を見てくれない。うっかりすると、脇役や新人の化粧前にはドーラン（撮影用のファンデーション）が置いてあるだけで、それを塗るためのパフも、落とすクレンジングもない……という状況になるらしい（今は違うかもしれませんが）。「最初に行った時は、勝手がわからなくて。買いに行こうにも、時代劇の格好をしてるし、どうしようもなくて……」。そう、まさに根岸さんの師匠、つかこうへいさんの『蒲田行進曲』ではないが、東京から行った役者は、京都の撮影所で独特の洗礼を浴びる羽目になるのである。実際に、カメラ前での位置決めで、「嵐山に三歩」と言われ、とまどっていると、「嵐山の方角もわからへんのかいな！」と言われたりすることが、あるらしい（……これも、あくまでも伝聞ですが）。

ところが、「織本さんが、『今度来る根岸季衣は俺の娘だから、ヨロシク』と言ってくれたら、もうスタッフさんの態度が全然違ったの。感謝感激ですよ」。その後、根岸さんとは、『週末婚』（１９９９年、ＴＢＳ。脚本・内舘牧子、主演・永作博美）というドラマで、夫婦としても共演している。根岸さん内心、夫婦役の設定に傷ついていたらしいのだが、そこへもってきて、ある時父が突然アドリブで、「おまえ、老けたな」と口にしたという。「本番中だから怒ることもできなかったけど、ホント腹が立った」と、笑いながら話してくれた。

ただ、この共演で根岸さんが今も忘れられないことがあるという。それは、父と交わした「夫婦役だからといって、互いの目と目を見て会話を交わすような、ベタな芝居は絶対しないでいような」という約束だ。

例えば、夫婦がやりとりする。その最後に互いの目を見て笑顔を交わす。ドラマにありがちな芝居だ。「何がダメなの?」と思われる方も多いだろう。だが父は「家族というのは、ことさらに互いの顔を見たり、目を見かわして会話を交わしたりはしないものだ」と言うのである。もちろん家族同士で大事な話もする。でも大事な話であればあるほど、「照れくさくて顔なんか見ずに会話を交わすのがリアルな家族の姿じゃないか?」と。確かに、顔を見かわして話し合った方が、画はおさまる。いかにも、いい夫婦のような雰囲気は出る。だから、そんな芝居を要求してくる演出家は多い。だけど、そこを安易な方に流されず、目を見かわさず、お互いあらぬ方を見ていても通じ合っているような、そんな夫婦の芝居をやり通そう! という、それがこのドラマでの父と根岸さんの約束だったのだという。

同様のことを、私も父から言われたことがある。久世光彦さん演出の正月ドラマ『小石川の家』(1996年、テレビ東京、脚本・筒井ともみ、主演・田中裕子)を、父と一緒に見ていた時のことだ。物語は、小石川の幸田露伴(森繁久彌)の住む実家に娘の文子(田中裕子）が女学生の孫・玉子（田畑智子）を連れて帰るところから始まる。行儀や躾に厳しい露伴。物語は淡々と進むが、この中で描かれた三人の関係性の演出が見事だった。父が言う。「見てごらん。さっきは正座だった孫娘が、母と二人になったら寝転んで雑誌を読んでるだろう。それだけで、この三人の距離感がわかる。この母と子が、顔を見かわしたり、ベタベタしたセリフなんか交わさなくても。さすが久世だ」。

父は特に初期の頃は、ＴＢＳの仕事が多かったけれども、なぜか久世さんとの仕事はなかった。同じＴＢＳでも、大山勝美さんとのお仕事（『父母の誤算』１９８１年、脚本・小山内美江子、出演・利重剛など）が多かったからだろうか。向田邦子さんとのお仕事もなかったのだが、ＴＢＳの廊下でご挨拶されたことがあるという。「向田です。いつも見てます。〇〇〇の役、良かったです」。それだけ言って、去って行かれたという。当時、大山組も大人のドラマを数々手がけていたので、向田さんも意識してご覧になっていたのだろう。そのすぐ後、向田さんはお亡くなりになってしまうのだが、もう少し長生きされていたら、向田さんのドラマに出る父を見られたかもしれない。

第四章　戦禍と共に始まった俳優への道

織本順吉（旧姓・角田正昭）は、昭和2年2月9日、現・横浜市都筑区折本町に生まれた。後に芸名とする織本は、この町名の「折本」から。本名の正昭は、大正時代に身ごもって、昭和に生まれたということで正昭と名付けられたという。（昭和元年は12月25日から年末までの7日間であったため）。

生母は父の弟を生んで間もなく（5歳時）亡くなる。父の父である祖父にとっては二番目の妻だったが、その後すぐ三番目の妻が連れ子と共に家に入る。その結果、最初の妻の子（異母兄）、二番目の妻の子（実の兄弟）、三番目の妻の連れ子（他人）、三番目の妻と祖父との間に生まれた子（異母妹）という複雑な兄弟関係となる。祖父は勤めに出ていたが、稼業は小作農家。兼業農家の大家族なら、働き手である妻は必須だし、この程度の家族関係は珍しくなかったのだろうが、父の生母は嫁いでごく短い間に亡くなってしまったためか、家には写真一つ残っておらず、母の名も知らずに育ったという。

そして1941（昭和16）年開戦。年の離れた長男は徴兵され、ニューギニアに出征。実父も亡くなり、一家の男手、働き手は次男の正昭だけになってしまう。継母は次男である父を「いずれ家を出ていく者」として扱っていたが、現状の生活を支える働き手は父しかいないので、高校には行かず生家で農業を手伝うか、働きに出て生活費を稼ぐことを望んだ。成績優秀だった父は、その継母の考え方をどうしても受け入れることができなかった。一度は進学を諦めたようだが、世話をしてくれる人があり一年遅れで、学費免除で進学できる環境が整い、神奈川県立工業学校（五年制の実業学校）に進学することができた。しかし、そのいざこざもあって、継母との関係は冷え切ったものになっていったようだ。

父の父は俳句に凝ったりする、文人気質の人だったらしい。それもただ句をひねる程度ではなく、遠方から著名な師匠を招き、豪華賞品なども揃えて盛大に句会を主催したり、庭木に至るまで句材になりそうな花木を選んで植え、句を書く短冊の字も見栄えがするようにと通信教育で書を学んでいたとか。父もその影響を受け、親子で競い合って学んだ…という書はかなりの腕前だったし、下手な俳句もひねったりしていた。だからよけいに、「百姓に学問は要らない」という考え方の継母への反発が大きかったのだろう。

同級生の証言によると、高校に遅れて入った父は一歳年上ということもあり、「寡黙で落ち着いていて、仲間を一言でまとめるような存在だった」という。本人によれば、「相撲部に入っていたので喧嘩にも強かった」らしい。だが、私の知る限り、父はとにかく事なかれ主義、争いごとは避ける人だった。なので本当にそんなに喧嘩が強かったのかは、今もって疑わしい。学校の教師の物真似が上手だったり、浪曲をうなるのが得意という一面もあったらしく、そのあたりには後に役者の道を選ぶ片鱗も感じられる。

戦時下では授業は行われず、三年以降は、富士電機、アンリツ電気、東芝の工場などに通い、徹夜で作業し、電探やラジオの組立などを行っていたようだ。それでも学校主催の映画鑑賞などもあり、その時見た「姿三四郎」を級友が演劇用に書き直し、動員先の工場で何度も上演したという。素人芝居が娯楽になる時代だったのだ。自身が演じたのは映画で大河内傳次郎がやった師匠の矢野正五郎。17歳にして堂々の老け役。同級生より年上である上に元相撲部。周囲も納得の配役と言えそうだ。そんな学徒動員の日々の中、昭和19年3月から4カ月余りは、東芝通信機小向工場へ通う。ここでは、学徒挺身隊・従業員歓迎並慰安芸能会の演目として、生徒自身の演出で『黄土の涯てに』という芝居を上演。見事、一等賞になり金二十円を獲得したという。シロウト芝居とはいえ、わずかな演劇体験の中で、いきなり一等賞というのは、本人にとってはかなりの自信につながったのではないだろうか。

一年繰り上がりで18歳で徴兵検査。その時の体験を、私もディレクターとして参加した、NHKの『あの日～昭和20年の記憶～』という番組でインタビューした。

「徴兵検査は、学校の講堂みたいな広いところで寒かった。越中ふんどし一本の裸で並ばされて、受付の番号を各自つけるわけだけど、裸になった左胸のあたりに、墨汁で直に数字を書き込まれたんだ、まるで牛か馬みたいに。みじめな情けない気持ちになったね。これはお国の盾となるものの扱いとしては、どうなんだと腹立たしかった。その後は、たしか性病の検査だったと思うけど、軍医の前でふんどしを取らされた。『はい次、そこへかがんで！　足を開いて、もじもじしないで見せろ！』と言われて、いきなりあそこをギュッとしごかれるんだよ。いや、これが痛いのなんのってね。これも非常に屈辱的に感じたね……」。非常に嫌な体験だったようだが結果は甲種合格。当時としてはまれな１７４センチの長身で、農業と相撲で鍛えた体なのだから、当然と言えば当然だろう。これが昭和20年２月のことであった。

戦局は日に日に厳しくなり、実業学校の生徒たちも、徴用動員中のまま軍学校への志願をせざるを得ない空気が張り詰めていく。正昭少年も海軍電測学校入隊を志願。そしてその頃、指導の軍人から「貴様らは特攻を志願するか？」と問われたことがあったという。父は思わず、一歩前に出て志願を表明したそうだが、同級生たちは動かなかった。「ん？」と思ったそうだが、その日の帰り道、ためらっていた学友たちの顔ぶれを見直して、納得したという。他は全員長男で、自分だけが次男だったのだ。

昭和20年5月29日には、横浜も大空襲を受けた。B29爆撃機、P51戦闘機による焼夷弾の直撃を受け、工場で宿直をしていた父も命からがら逃げだした。「自転車を何とかしないと、明日から通うのに苦労する」と思い、どうにか持ち出したが、放り出して地面に伏せたら、その自転車のすぐそばに焼夷弾が降ってきたそうだ。出征すれば、間違いなく戦死していただろうが、そのまま終戦を迎えることになる。

8月15日、終戦の詔勅。実は工場徴用組の面々は、職場にあった海外ラジオ放送の報道で、数日前から日本が降伏することを知っていたという。詔勅を聞き終え、解散となった後、近所のお姉さんが、「宮城《きゅうじょう》（皇居）に行ってみようと思う」と言い出した。「宮城で割腹自殺した者が居る」という報道を聞いていた正昭は、興味をひかれて同行することにした。電車を降りて見上げた8月の空は明るく、空襲もなくなった辺りは静かで、夾竹桃の花の色が鮮やかで目に染みた。宮城には人影がまばらだった。「血の痕ぐらいあるか」と思った広場は、きれいに清められていたという。「ああ……もう、これで死ななくていいんだな」という安堵と静寂、それが終戦の日の実感だったという。その後は、徴用で通っていた東芝に、そのまま就職。そこで本格的に演劇活動に取り組むことになる。

第五章　戦後の復興とともに

18歳で終戦を迎えた織本順吉(旧本名・角田正昭)は、戦後東芝に入社。できたばかりの労働組合の事務所で働いた。東芝小向工場では、ラジオ生産は軌道に乗っていたが、インフレを乗り切るため、不十分な賃金や労働条件の改善が叫ばれていて、字や絵を書くのが好きだった角田正昭は、もっぱらアジ(政治的扇動)看板ばかり書いていたようだ。

京浜工業地帯は、戦前からプロレタリア文化運動が根付いた地域で、復活した労働運動とともに文化運動も活発化。中でも当時流行っていた素人芝居の流れを受けて、労組32組合が参加する演劇学校が誕生した。新演劇人協会の協力も得て、指導には著名な戯曲家や俳優も参加した。労組の集会にトップ女優・山田五十鈴を招いて話を聞く会なども催されていたようだ。工場の先輩には、のちに劇作家となる大橋喜一がいた。角田青年も誘われ、小向演劇研究会に所属。同会はオリジナル脚本の『芽生え』で、見事演劇コンクールに入選を果たす。演劇青年・角田正昭は、『黄土の涯てに』に続き今度は京浜地区の中で入選を果たし、さぞや自信を付けていたことと思うが、その演技力はいかほどのものであったのだろうか? 気になって当時の記録を漁ってみた。すると演劇活動のリーダーを務めた人物がこう評していた。「角田君に俳優の素質はなかったし、大橋君は脚本を書く力はまだなかった。それでも、どこか一味違った人物だった」。

しかし、レッドパージ（GHQらによる赤＝共産党員狩り）が始まると、組合員らはクビになり路頭に迷った。その時に京浜演劇学校の仲間から、「お前は少しとはいえ、芝居の勉強をしたんだからプロになったらどうだ」と言われ、「思いもよらなかったが、解雇され屈折もしていたので、それもいいか」という気になったという。だが、実家の継母からは、「役者になんかなって金になるのかい？　家に金を入れないのなら出ていけ」と言われ、リヤカーに煎餅布団一組とわずかな本を積み、多摩川を越えて東京に出た。役者・織本順吉の誕生である。

そして共産党系の作家・村山知義の主宰する新協劇団を訪ねた。織本順吉という芸名はここから名乗ることになる。後年、セリフ覚えの速さと出しゃばらない演技で代打として多用され、頭角を現す織本は、この劇団でも大抜擢を受けて、急遽舞台に立つことになる。

「ちょうど島崎藤村の『破戒』の旅公演中で、主役の丑松を野々村潔（岩下志麻さんの父親）さんがやっていたんだけど、病気で倒れてしまって。演出部の人に呼ばれて、村山先生の前でセリフを二言三言やってみたら、『お前が野々村君の代役をやれ』と」。それから二日間で五百のセリフを覚え、動きは、以前見ていた宇野重吉さん（当時は新協劇団に在籍）の演じた舞台を参考にして何とか芝居の流れを頭に入れた。そして劇団の看板俳優・

薄田研二の指導を受けた。「丑松が『実は私は……』と戒めを破り、自分の出自を話そうとする、そのタイミングが悪いと言われた。丑松は全てを失うかもしれない秘密を告白する。だから、『お客さんに期待を持たせる顔をちゃんと作れ』と。具体的には、舞台上で薄田さんの弁護士が柿を剝いて丑松に渡す、その柿を『渡されたら懐へしまえ』と指示された。ヌルヌルした柿を着物の懐にしまおうとすると違和感があって気が散る。それで間ができる。それで芝居が収まるのだ」と。

新協劇団には五年いたが、次第に「共産党に入党しろ」という圧を周囲から受けるようになったという。党の集会には参加していたが、当時の左派の過激な活動には、どうしても共感することができなかった。そして演劇にも大きな変化が起きる。演技のための演技ではなく、俳優が役と自分を重ね、役を生きることで、よりリアルで自然な演技をする……というスタニスラフスキー・システムのメソッドが、従来の「芝居臭い芝居」を一掃したのだ。そろそろ映画にも出演し始めていた織本も、今井正監督に「演技は写実にやるもの」という意識を叩きこまれた。ところが劇団の村山知義は、その新しい理論をあまり認めていなかった。「このまま新協劇団にいると共産党に入らねばならない、それは嫌だ。演技ももっと写実にやりたい」そんな不満を、岡田英次、西村晃、俳優座の木村功、文学座の金子信雄、高原駿雄らと、集まっては飲んで語らっていた。そこから、「俺たちで劇団を作ろう」ということになり、劇団青俳が生まれたのだった。

青俳の第一回公演は、1953年10月8日、パンフレットの巻頭言には、「わたくしたちは、内容的にも技術的に価値があると認められる現代戯曲や翻訳劇の上演、それに新しいリアリズムの芽生えを促すための研究公演も果たしてゆきたい。また、わたくしたちの支持層を、より一層働く人々の中にひろめてゆきたいと思います」とある。左派としての姿勢を維持しつつも、新しい演劇のムーブメントは身軽に積極的に取り入れていきたいという意図が感じられる。

公演の演目はロシア人戯曲家の『フォスター大佐告白する』。朝鮮戦争の真っ只中、朝鮮の大富豪宅に駐留するアメリカ騎兵隊司令官のフォスター大佐らは海兵隊の側面援護を行っていた。だが作戦は漏れ、戦局は益々不利になり、撤退に際して大佐は捕虜の銃殺を迫られる。だが、そこに捕虜救出の遊撃隊が出現。実は大佐らが恋していた令嬢こそが朝鮮側のスパイであり、捕虜はその恋人。いまや形勢は逆転し、周囲には遊撃隊の唄声が高く響く。と、いった内容。キャストは主演・フォスター大佐が加藤嘉、その右腕で娘にあけすけに言い寄るマッカレン中尉に織本順吉、娘の恋人である捕虜に木村功、娘の父である富豪に西村晃。あらすじをまとめてみると、まるで韓国ドラマのストーリーのようだが、上演当時は朝鮮戦争真っ只中の時代。この戯曲は、日本で上演されるのは二度目で、初演は朝鮮演劇研究所によるものだったそうで、作者からは「朝鮮戦争の前線基地となっている日本で、しかも朝鮮人であるあなたがたが上演することは非常に名誉なことだと思う」という言葉が贈られたということからも、当時としてはイデオロギーを背負った過激な演目だったことがわかる。おまけに当初は別の戯曲をやる予定だったのが急遽演目を変更しての上演。三十日しか稽古日数がなかった上に、令嬢役にキャスティングされていた有馬稲子が東宝とのトラブルの余波で出演不可能になり、研究生の淡京子(元・東宝ニューフェイス第四期)を代役に立て、なんとか幕を開けたようだ。その五カ月後に行われた、第二回公演は二本立てで、織本の東芝の先輩・大橋喜一作の二人芝居『風の夜』と、安部公房の初戯曲『制服』だった。『風の夜』は、国鉄三大ミステリー事件の一つ、松川事件を下敷きに、検事の父と娘の葛藤を描いた一幕もの。検事の父を加藤嘉が、その娘の女学生役には研究生の中村矩子《のりこ》……のちに織本の妻となる私の母が抜擢された。母は神戸の高校を卒業後、俳優座養成所五期生に合格(同期は平幹二朗、樋田慶子、今井和子、ジェームス三木など)、一年研修を受けたところで、「このままだと劇団員になれない」という自身の状況と、俳優座の持つブルジョア的な雰囲気が嫌になったこともあり、よりフレッシュなイメージのあった劇団青俳の養成所を受け直したのだという。その時の面接官の一人が、幹部俳優であった織本順吉だった。母は無事合格し、ある時稽古場にいると、織本がふざけて、女の子と追いかけっこをしながら入ってきた。たまたまそこにいて、女の子の盾にされた母は織本に抱きつかれた。が、次の瞬間、派手な平手打ちを食らわせて、場を凍り付かせた。そりゃあ、入ったばかりの新人研究生が幹部俳優を平手打ちしたら、当然空気も固まるだろうが、母は元々チャラチャラした人や態度が大嫌いという、生真面目というか融通が利かないというか、とにかく男前な性格。相手が先輩俳優であろうが、意に介さず「調子に乗って私を巻き込まないで！」と、制裁を加えたのだろう。そんな、お堅くて小柄で、いつまでたってもガキっぽい中村矩子が、加藤嘉の相手役に抜擢されると、劇団員は（若い子好きの）加藤さんが手を出すんじゃないかと噂していたそうだ。ところがその裏で、母は父の下宿に転がり込んでいて、ある日劇団からの電話で、二人の関係はバレてしまう。この当時の母のポートレイトの何枚かは、カメラに凝っていた加藤嘉さんが撮影したもので、母は随分加藤さんにかわいがられていたようだが、なぜ数ある俳優の中で織本が良かったのか。当時の織本順吉の魅力を聞いてみた。「なんというか……きれいでカッコイイ人や、器用な人は他にも一杯いたけれど、どこか不器用で、何事もすんなりできなくて、でもそこから表現されるものに真実味が感じられたのかな」とのことだった。当時織本は、劇団内で「ひと間のオリジュン」と呼ばれ、からかわれていたという。「いつも芝居を一間はずす」。薄田さんから、間の極意を教えてもらっても、この頃の織本はまだそれを自分のものにできていなかった。セリフ覚えは良かったが、人並み以上の役者になるには、時間がかかるタイプだったのだろう。事実、この頃の出演映画を見てみると、「山びこ学校」（1952年、今井正監督、主演・木村功）にしても「人間魚雷回天」（1955年、松林宗恵監督、主演・岡田英次）にしても、発声はできていないし、動きはギクシャクしているし、顔もチンピラのようだ。一度母に、「一体、この人のどこが良かったの？」と聞いたことがあるほどだが、母だけは後の織本順吉の何かを見抜いていたのだろうか。

青俳を立ち上げた当時の織本は、映画やラジオドラマの出演で、たまにギャラが入ることもあったが、その3～4割は劇団に入れており、部屋を借りていても月末には家賃を払えず友人の家を泊まり歩いたり、ホームレスのような生活をしていたようだ。生家の百姓を捨て、工員になっても看板ばかり書き、他にできることもないからと役者になった織本。だが売れない役者としては珍しく、一切アルバイトのたぐいをしたことがない。さすがに二人で暮らし始めると転々と泊まり歩くことは止めるが、支払いに困っても自ら金を工面することはなかった。もっぱら7つも年下の矩子の方が、質屋に通い、実家や親戚に頭を下げて金を借り、ギリギリの生活をやりくりしていた。「とにかくお金が入るとお米を買って、これで次に収入があるまでどう食いつなげばいいかな?」とそればかり考えていたと、母は言う。とはいえ、その母も「一目見て気に入ったから」と分不相応な血統書付きのコッカースパニエルの子犬を買って帰ったり、食べるものが買えなければ、バラを買って飾ってみたりと、食うためだけに汲々とするのではなく、プチ芸術家をきどった生活を楽しんでいたようだ。

ところが、同棲6年目、ついに矩子が妊娠する。それまでにも、妊娠したことはあったようだが、食うや食わずの生活である上に、曲がりなりにも売り出し中の新人女優ということもあり、産むことを決意できなかったという。母自身も「二人ともが、俳優として立つことは難しい。とするならば、辞めるのは自分か……」と、秘かに女優を諦める決意も固めていた。そこで、結婚ということになるのだが、この時の二人の誓約というのが、『絶対に別れない!』と大勢の前で誓って、すぐ別れるような、そんなウソつき夫婦にだけはならないでおこうな」というもの。なので、大勢の前で誓う結婚式もせず、指輪を交換したりの儀式も一切しなかったという。ただ、これまで娘（矩子）を東京に送り出し、俳優修業（…というより同棲生活？・）に援助をし続けてくれた神戸の父（私の祖父）からの希望を、織本は受け入れることにした。それは、「（矩子の）姉はもう嫁いでいるので、できれば中村の名を継いでほしい」というもの。中村家は兵庫県・但馬の旧家で、祖父も養子に入って中村姓を継いでいた。なので、自分の代で中村の名前を絶えさせるわけにはいかないという思いがあったのだろう。これに対し織本は、「実家はすでに兄が継いでいるし、普段使うのは芸名の織本で、本名が変わっても支障はない」ということで了承した。姓の変更だけでなく、中村家の養子となり、かくて織本順吉の本名は中村正昭となった。

第六章　監督たちとの思い出

織本順吉がめざしていたもの、それは、リアルに自然に、まさにその空間で生きている人のように存在することだった。

その「リアルであること」を叩きこまれたのは、今井正監督の現場であったという。最初に起用されたのは、無着成恭の教え子の学級文集を原作とした「山びこ学校」。無着を演じたのは木村功で、他に岡田英次、金子信雄、西村晃など、青俳のメンバーとなる俳優が多数出演している。織本の役は、生徒の和助の兄で、和助を遠足に行かせたい無着に、「畑仕事の手が足りなくなるのは困る」と渋る役だ。農家出身を買われての出演だったのか、鍬を使うフルショットのみが使われていてアップはなし。そこにオフで無着とのやりとりが重ねられるのだが、セリフの発声が貧弱で織本だとわからないほどだった。

次の作品が「真昼の暗黒」。これは当時、最高裁で係争中だった冤罪事件「八海事件」をリアルに描き、警察のずさんな捜査を告発した社会派映画。父の役は、嘘の証言で共犯に仕立て上げられた主人公の植村（草薙幸二郎）を、暴力で自白に追い込む杉田刑事。リアルを追求する今井監督は、通常は「殴るフリ」だけで実際には当てない平手打ちを、「思いっきり叩け」と要求した。杉田が三発、次にまた別の刑事が殴り、合計九発。ところが、「殴り方が甘い」とNGが出て何度も殴るうち、ついに草薙の顔が腫れ上がってしまった。

医者を呼ぶことになったが、医者が来るまでの間に監督がカメラマンに命じたのは、「顔のアップを撮って」だった。織本曰く「監督自身は、草薙君の腫れあがった顔を直視できないんだよ。顔を伏せて泣きそうにして、ついにはスタジオから出て行ってしまった。それでもカメラマンには、しっかりアップを要求していたわけだ。監督というのは鬼だと思ったね」。

その今井監督作品と、同時期に出演していたのが小林正樹監督の作品「人間の條件」。この現場で叩き込まれたのは『台本を現場に持ち込むな』ということ。「ある時、セットで助監督が『本番行きます!』と言ったら、小林監督が『おい、今あの女優さんは台本を座布団の下に隠したろ、まだ台本が離せないんだ。そんな状況でどうやって本番を撮るんだよ』と言って、その日は本番を撮らずに終わってしまったんだ。それで製作が『こりゃ大変だ』ということになって、翌日からはセットに入る役者から全部台本を取り上げたんだよ」。以来、織本は『現場で台本を開かない』ことを、頑なに守っていた。だから晩年、ドキュメンタリーを撮り始めた頃、現場に入った父が、カメリハの段階で台本を何度も何度も確認する姿を見た時は、居たたまれない気持ちがしたものだ。

若い頃から、父を見てきた母によれば、父は「セリフ覚えに苦労しているところを見たことがない」ほど、セリフ覚えの良い人だったようだ。一回読めばほぼ頭に入るらしい。本番が近づいたら、逆に一旦忘れて、他のことをしている時や、夜中ふと目覚めた時など、集中していない条件下でもセリフが絞り出せるようにしておくことが大事だと言っていた。そして芝居を決めるのは、現場に行きセットに入ってから。事前に固め過ぎると、現場でスムーズに芝居が出てこなくなるから…、ということだった。

70年代になると、父は東映の実録ヤクザ映画で深作欣二監督に度々起用されることとなる。映画史研究家の春日太一さんに、『深作リアリズムに必要不可欠な存在』という、過分な誉め言葉を頂戴したが、織本本人は「一種の便利屋的な役目」を任されていると理解していたようだ。ギラギラして前へ前へ出ようとする役者の狂気が充満する深作映画の世界で、淡々と裏切りを繰り返し生き残りを図る小ずるいヤクザを演じた。深作監督とは、実録・忠臣蔵を描いた時代劇『赤穂城断絶』やスペースオペラ『宇宙からのメッセージ』でもご一緒している。この『宇宙から～』も、ピンチヒッターとして急遽、呼ばれての出演だった。志穂美悦子演じるヒロイン・エメラリーダの祖父で、惑星ジルーシアの大酋長キド役。当初は、東映の吉田義夫さんがキャスティングされていたが、冒頭のキドがリアベの実を宇宙に放つシーンは、深作監督が「ギリシャ劇」のような壮大な演技を求め、それがうまく表現できなかったからということで、織本が呼ばれることになった。別の仕事で福島に行っていた織本は、京都の撮影所に呼び出され、途中東京駅で台本を受け取り、新幹線の中で覚えながら現場に向かった。台本は分厚かったが、「深作監督の現場で、ヘタなことはできない」とプレッシャーに耐えて必死で覚えた。東映京都の第一ステージに入ると、すぐ撮影が始まった。惑星ジルーシアのセットはその日のうちにバラして、組み替えねばならず、スケジュールがギリギリだったのだ。本番が終わると、監督から「オッケー」の声が掛かったが、本気でないのはすぐわかったという。だが、本当にギリギリだったのだろう、リテイクはせずそのまま終了ということになった。特殊メイクの皺はオブラート製で痒くて辛かったが、もっと大変だったのは成田三樹夫さんで、宇宙の侵略者・ロクセイア12世の鎧は硬質ラバー製で、簡単に脱ぐことができなかったため、朝に角ばった鎧を着たら一日中体をくつろがせることができず、それが気の毒だったという。「後に成田は胃を悪くして亡くなったけど、あの時に胃を悪くしたんじゃないかな」と本気で言っていた。

ジャンルとしてはスペースオペラで、ギリシャ劇調なセリフ回しがあったりしたが、ベースは講談の『南総里見八犬伝』、芝居のトーンをどこに置いていいのか、出演者も悩んだだろうが、深作監督は芝居臭い芝居を嫌う。ガルダ将軍役のビック・モローは、監督が望むニュアンスがなかなかつかめなかったようだ。深作監督はスピード感を求めていたが、それがビック・モローの芝居の間と合わなかったのだ。

役者が有名になるステップアップの方法として、「最初は悪役としてゲストでピンポイント出演して印象を残し、次に主役の横で手堅い脇役演技を見せレギュラー出演の機会を得、評価を受けて主役クラスになる」という方程式がある。織本もまずは映画で、卑怯なヤクザの親分を演じ、テレビドラマに進出して斬られ役（＝悪役）を演じ、その後白い開襟シャツを着た叩き上げの刑事を演じ、朝の連続ドラマでは実直な脇役を演じて、多くの人に顔を知られるようになった。そんな織本が、１９７０年代の後半頃、家族が離れて住む神戸に帰ってきた時のこと。新神戸の駅前からタクシーに乗ると運転手さんにこう聞かれたという。「兵庫県警に向かえばよろしいですか？」。東京であれば、俳優を乗せることも珍しくはないが、神戸という場所でもあり、どこかで見たような人を、運転手さんはなぜか東京から出張で来た警視庁の刑事かなにかと勘違いしたらしい。「張り込みですか」と一人合点して家まで運んでくれたという。考えてみれば、そこまで刑事と思っていただけるなんて、役者冥利に尽きる勘違いだったかもしれない。

第七章　引き返せない川を渡って

父とは22年別れて暮らした。だからうちでは、家族が成熟するための成長過程を踏まないまま、いきなり晩年を始めてしまったような気がする。そんなだから、私が進路に迷った時にも父はそばに居なかった。そして父の存在そのものが、進路の最大のネックだったように思う。ほとんど家におらず、生活費も入れず、なのにたまに帰れば必要以上に存在を主張する父。物を創る仕事に就きたいが、この家からもう一人父のような堅気でない人間を出していいのか？　経済的に自立できれば父を拒否できるのではないのか？　葛藤の結果選んだのが銀行員という仕事だった。

銀行員の入行試験を受けたのは、忘れもしない三菱銀行北畠支店で人質立てこもり事件があった年だった（ちなみに退職したのは、三菱銀行オンライン詐欺事件があった年である）。配属されたのは、本店・公務部（兵庫県と神戸市の公金＝税金・水道料金など…を収税してとりまとめる部署）。個人の預金や振込ではなく、兵庫県全域の役場からの公金が集まってくるので、時として伝票の金額は大きかった。

初任給は11万円だったか。でも初めての収入で、揃えるものも多かった。それらしい通勤着が一着もなかったし、靴も鞄も。まずは、人並みのＯＬらしい体裁を整える必要があった。銀行には制服があるから、何とかなるだろうと、ちゃんとした通勤服を一着も用意していなかったのだ（母も通勤服などには無頓着だった）。初任給が出たら、まずは両親や家族に贈り物をするのが社会人たる常識だが、そんなことも頭になかった。家にお金を入れ、生活を支えるべきだったが、それをキチンと果たした覚えもない。当時私は、アニメを作ったり、同人誌を出したりという活動に夢中になっていて、そこで取材原稿を書いたり、ラジオドラマのシナリオを書いたりするのが、面白くてたまらなかった。そういうものを作り始めると、マイクやら録音機やら、オープンリールのデッキやら、欲しいものがどんどん出てきた。長い目で見れば、それは私が放送作家になるために必要なものだったけど、結局私はまぎれもない父の子供で、あんなに父を憎んでいながら、父と同じように母の脛をかじって同人活動に明け暮れていたのだ。

それでもまだ私は、「この家からもう一人、堅気でない人間を出していいのか？」という問題に悩んでいた。そう悩みながらも、銀行で許された年に一度の一週間の長期休みには、海外旅行に行く同僚には目もくれず、取材旅行と称して東京に出かけた。アニメの演出家を訪ねてインタビューしたり、脚本家の小山内美江子さんを訪ねて、『3年B組金八先生』の舞台版のお芝居に誘っていただいたこともあった。その時に小山内さんは父に、「どうしてこの子を役者にしなかったの？」と聞き、父は言葉を濁していたが……。そもそも子供のころからの父のただ一つの希望というのが、「何になってもいいけど、役者にだけはなるな」だったのだ。幼稚園でも小学校でも、お芝居のようなものがあれば、それなりに活躍してきた。思春期の頃は、テレビは『スター誕生』が大人気の時代でアイドルにも憧れた。母は、「自分たちが役者になったのに、子供にだけ反対するのは筋が通らない」という考え方だったが、父は「現場に行ったら自分のことだけでも大変なのに、そこに身内なんかが居たら気が散って仕事にならない!」と言い続けていた。さらに「出役(俳優)より作り手、書く人(作家)の方がエライんだよ」などとも囁かれいつの間にか現場の中でも「作り手の側」、それも「書く仕事がしたい」と思うようになっていた。

そんな頃に、たまたま雑誌に掲載された東陽一監督のエッセイを読んだ。東監督と言えば、その頃立て続けに女性映画を発表していて、そのヒロインたちが傷つきながら掴み取る生き方に、多くの女性が共感していた。「銀行をやめて東京に行きたい」でも、そのためには、その頃つきあっていた人とも距離を置かなければいけない……という悩みもあった。そんな気持ちに東監督のエッセイの言葉が刺さり、どうしてもお目にかかって話を聞いてみたくなってしまったのだった。ある編集部に連絡して監督の連絡先を教えてもらった。東京にいる間にどうしても会いたいと、何度か連絡したら「こちらにかけてみて下さい」

と新しい連絡先を教わった。電話すると東監督が出て、「なぜこの連絡先を？」と不思議そうに聞かれた。

待ち合わせた場所は、西武新宿ホテルのスカイラウンジ、新宿の夜景を見下ろしながら、監督とお話をした。「僕は不思議だったんです。どうやって、この番号を知ったのかって。実は今、家を出ていまして。この番号をよく家人が教えたなぁと思って…」私は、「仕事や恋人を含む人間関係を捨てて、東京でマスコミの仕事をしたいと思っている」と話した。そんな時に、東監督の言葉が刺さったのだと。「そうですか、きっとあなたは恋人と別れる理由に、僕の書いた言葉がしっくりきたのでしょう。それで僕は、ここであなたと会う羽目になったんですね。でも不思議なのはそんなあなたの必死さが家人を動かし、電話番号で僕とつながったということです。僕は普通の、市井の人が好きです。まだ遅くないです。あなたはそこに戻れます。そういう地に足の着いた仕事を大切に、生きていったらどうですか？」監督の言うことはもっともだと思った。仕事を捨てて、恋人から離れて、何の保証もない仕事にこれから飛び込んでいくなんて……と。そこで初めて父のことを話した。父が俳優であり、そのために母や家族が大変な思いをし、それがわかっていても、どうしても自分は物書きになりたいのだと。すると監督は言った。「え？　あなたは織本さんのお嬢さんなの？　それを早く言えば、もっと簡単に会えただろうに……」。でも私は、なぜかそれは、違うと思っていたのだ。しばらくして監督は話し始めた。「僕の知っている俳優に織本順吉と言う人が居ます。『もう頬づえはつかない』という映画に出てもらいました。その役は別れて暮らす娘と久しぶりに会う父親という設定でしたが、その織本という役者が、『この役の状況は、わかるような気がします』と話していました。……まぁ、あなたには関係のないことですが」。

他人事のように、ポツンと聞かされたエピソードで、映画のワンシーンが浮かんだ。久しぶりに会う娘に、そっと金を渡す父親の姿だ。その役を父は自分に重ねて演じたのか…。そう思ったら、もう今の自分は、母の側ではなく父の側に立っているような気がした。さっきまで、引き返せると思っていた場所は、もうはるか対岸にあるように感じた。それからほどなく、私は銀行を辞め、東京に出て父のもとに居候しながら、放送作家の見習いとして仕事を始めた。

第八章　役者家族の始まり～そして別居へ

ここからはもう一度両親の話に戻ろう。織本順吉こと角田正昭と中村矩子が一緒になったのは、１９５５年のはじめ頃だった。それぞれ、26歳と19歳。父が亡くなった後、遺品の中から出てきたものに、父の収入ノートがあった。最初の記録は１９５８（昭和33）年……私が生まれる二年前だ。父だけでなく母の字による記載も多く、電気料金を計算するための電気メーターの計算書まで書き込まれていることを見ると、母が結婚を意識して、生活の設計を立てるために記録し始めたのだと思われる。いくつか仕事と収入の明細をピックアップしてみると……『グレイブ・イーグル』（海外ドラマの吹き替えか?・）３８５０円×25本、ＮＨＫ学校放送『泣いた赤鬼』１９５０円、日本テレビ『ダイヤル１１０番』５６００円、東映「魔の伝言板」１４０００円×２。松竹「人間の條件」、４、５、６月にそれぞれ２４５０円、８、９、11月にそれぞれ２１０００円、ＫＲＴ『私は貝になりたい』６４６８円など。『ダイヤル１１０番』は、日本テレビで１９５７〜64年に放送された日本初の刑事ドラマである。全国の警察署から寄せられた現実の事件などの資料に基づき構成され、オープニングは警視庁の通信指令室が映り、「はい、こちら１１０番」と応じる場面から始まり、一話完結が基本だが、シリーズものもあった。ノートには何度か、『ダイヤル１１０番』の記載があり、矩子出演４５０円というのもあるので、母はエキストラか何かで、出演したのだろうか。この番組、脚本には井手雅人、向田邦子、布勢博一などシナリオライターの大御所はもちろん、劇作家の清水邦夫や小松左京までもが参加していたようだ。メイン演出家は石橋冠。のちに『池中玄太80キロ』など、土曜グランド劇場枠を数多く手がけた日テレの看板演出家だ。そして一番の新人ディレクターとして、のちに私が『追跡』や『はじめてのおつかい』でお世話になる、佐藤孝吉さんがいた。この当時のドラマは、そろそろビデオテープによる収録も始まってはいたが、テープが高価なので、放送が終われば、次の番組を収録して上書きしてしまうのが当たり前だった。だが何本かはフィルムに焼いて残してあり、その一本、佐藤さんが手がけた番組を見せていただいたことがある。迷子になった子供の証言に新米おまわりさんが振り回されながら、何とか家に送り届けるというストーリーで、のちに『はじめてのおつかい』を大ヒットさせる佐藤プロデューサーならではの視点がしっかりと表れていた。父にも、「当時、現場にいた佐藤さんを覚えてる?」と聞いたことがある。すると、「あの突貫小僧か!」というリアクションが返ってきて、思わず噴き出した。佐藤さんは小柄で、しゃべり方もちょっと舌ったらずで、いつも気持ちが逸《はや》っているため、口が追い付かなくなるようなところがあり、まさに「小僧」という表現がピッタリだったからだ。ちなみに「突貫小僧」とは、かの小津安二郎が戦前に子役を主人公に四日間で撮影した映画のこと。ある世代には「わんぱくな子供＝突貫小僧」が決まり文句だったのだろうが、あまりに佐藤プロデューサーのイメージにピッタリで、父のネーミングセンスにちょっと感心してしまった（それとも、当時すでに現場で佐藤さんは突貫小僧が仇名で、それを思い出しただけなのか?・）。父と佐藤さんはその後再会を果たし、一緒にゴルフも楽しんだりした。

『私は貝になりたい』はKRT＝ラジオ東京テレビ（現在のTBS）で、1958年10月31日に放送されたテレビドラマだ。フランキー堺が主演で、翌1959年には映画でリメイクされた。撃墜されたB29の搭乗員（アメリカ人）を処分せよとの命を受けるも遂行できなかった気の小さい理髪師が、戦後戦犯として処刑される。「どうしても生まれ変わらなければいけないのなら、深い海の底で戦争も兵隊も無い、家族を心配することもない、私は貝になりたい」という遺書を残して。後に「ドラマのTBSの礎となった」と言われるこの作品は、きちんとビデオテープも保管され、父もコピーを所有しており、私も見た。父の役は主人公の豊松が収監された拘置所の戦犯仲間。監房内の2シーンほどの出番なので、6468円はまずまずの金額か（父は日本テレビの『知ってるつもり?!』で実話を取り上げた時にはナレーターを担当。2008年に中居正広主演でリメイクされた同名映画にも出演した)。

そして映画「警視庁物語 魔の伝言板」。東映の「警視庁物語」シリーズの第8弾。集団で運転手を襲い殺害するタクシー強盗が立て続けに発生。犯人の一人を捕まえるが、男は運転を頼まれただけで、主犯格の男の名前も住まいも知らないと供述。別件で捕まえた男＝小川が一味の一人オーさんだと判明するが、黙秘を通し、奪った金を預かる主犯格の男の存在はなかなか見えてこない。だがついに、一味の連絡方法がわかり、捜査陣は張り込みをかける。セミ・ドキュメンタリーと銘打った、警視庁の刑事たちの活躍を描くシリーズ映画である。刑事役の面々は主役なのに強面で地味。だが展開はスピーディーで楽しめる。父の役は冒頭から冷酷にタクシー運転手を絞殺する強盗犯小川。ギャラ記録簿からタイトルをたどって初めて見ることができた作品。この年の収入合計は60万9604円。月収は5万8００円。翌1959年の年収は98万6372円で月収は8万2198円。1960年の年収は90万8020円で月収7万5668円。マスコミの仕事はラジオドラマから映画、テレビへとシフトしていき、その分ギャラの単価も上がり、映画の仕事も次々とオファーが舞い込んだようだ。「これなら子供が生まれても大丈夫…」と判断したのか、子供ができたとわかって仕事を増やしたのか。かくて1960年1月二人は入籍。時まさに60年安保闘争真っ盛りで、出産当日も父は安保反対デモに参加。その後に産院に駆け付けたところ、誰のものかわからない血が、シャツに飛んでいたという。

私が生まれてからは、母は私を連れて青俳の稽古場へ出入りしていた。当時の写真を見ると、木村功さんの奥様、梢さんも子連れで写っていたりする。そして、そんな子供たちの面倒を快く見ていたのは、世界のＮＩＮＡＧＡＷＡこと蜷川幸雄さんだった。青俳の第二回公演、安部公房『制服』を見て衝撃を受け、劇団に参加した蜷川さんは母の一期後輩。のちに真山知子さんと結婚すると、子育てを買って出て育児に取り組んだほどなので、子供の相手が好きだったのだろうか。当時の蜷川さんは、中村錦之助に似ているということで、劇団仲間からは「キンちゃん」と呼ばれていた。心優しく相手をし続けてくれたキンちゃんにすっかり惚れ込んだ二歳の私は、「大きくなったらキンちゃんのお嫁さんになる〜」とちゃっかり結婚宣言していたという。のちに、テレビ業界で仕事を始めた頃、蜷川さんを訪ねたことがある。すると、「いずれ、オヤジ（織本）には相談しにくいことができるかもしれない。そんな時は訪ねてきなさい」と連絡先のメモを渡してくれた。母に関しても、「あなたのお母さんは、素質ある女優さんだったけど、織本さんと一緒になっちゃったからなぁ、残念だった」と言ってくれた。そのことを母に伝えると、「蜷川さんは優しいから、辞めた人間に花を持たせてくれたのよ」とそれだけ言って、くすんと笑った。母は私ができた頃、『一つの家に二人役者がいては、どちらもダメになる』と、自分が役者を続けることを断念したようだ。父も売れだしていて、生活の目途も何とか立てられたことや、自分の女優としての将来も考えた上で子供を持つことで夢を諦めたのだろう。昭和38年1月には、妹・菜美が誕生した。予定日より二十日早く生まれた妹は2300グラムの未熟児だった。「親子って争えないものね、お父さんそっくり、まんまるのお顔！」がお産婆さんの第一声だった。だがお乳をうまく飲めず、お七夜には産院から日赤病院に転院。成長が不安だったのか、母は「小さく、弱く産まれて、たった一人入院していった娘のために幸せを祈った。トランクのような箱に入れられて犬の子のように連れて行かれた時には、無事に育ってくれるかしらと不安な思いで一杯だった」と育児日誌に丁寧に綴っている。入院した我が子を見た父は、「どう見ても栄養失調のような顔をしている。目を開けてうらめしそうに俺の顔を見た」としょげていたようだ。その後生後2週間目に、生まれつき心臓に疾患があり、心室の壁に穴が開いた状態の心室中隔欠損だと判明。そのため哺乳時にチアノーゼを起こしていた。この後、何度も危篤状態になり、テレビの仕事で寝る暇もないほど忙しい父も、何度も病院に呼び出されることとなる。ようやく増え始めた収入も、治療費へと消えた。手術をするかどうかも検討されたが、成長と共に自然にふさがる場合もあるとのことで、経過観察を続けることに決まった。そうこうするうち、今度は母の実家の祖母が子宮がんを発病。上京して入院、治療することになる。その祖母を父に託して、母は神戸に一人で暮らす祖父の世話をするため、私を連れて実家に戻ることになった。当初は一時的な別居の予定だったが、退院した妹と祖母も神戸で暮らすこととなり、こうして父一人を東京に残したまま、家族は離れて暮らすことになった。別居生活はその後、25年におよんだ。

第九章　父のいない家族

ひとまず生後間もない次女・菜美の心臓手術はまぬがれたが、3歳と1歳の子供を抱えて母は実家に戻った。当時、神戸の実家はパンとお菓子を売る店を営んでいた。母の父親は元小学校の教師で教頭まで務めたが、学校を辞めて菓子店を始めた。祖父と祖母で切り盛りしていたが、祖母が子宮がんになり、祖父も若い頃から結核を患い、体調が思わしくなかった。そこで店番と食事、介護などは母が、妹の世話は祖母が、祖父は店番の交代要員という分担で、神戸一時帰宅の生活はスタートした。あくまでも一時帰宅のつもりだったが、祖母の病気は好転せず、そして離れて暮らす父・織本も、目の前に妻や子供たちが居なくなって安心したのか、「そちらの生活はそちらで何とかしてくれ」というように、神戸の私たちの生活支援である生活費の送金はしてくれなかった。父の収入が多い時もあれば無収入なこともあり、収入が増えれば出費も増えることを、母は誰よりわかっていた。だが、母とて蓄えたお金があったわけでなく、病弱な乳児と手のかかる幼児を抱えて介護生活のスタート、いくら日銭の入る店があるとはいえ、嫁ぎ先ではなく自分の実家だとはいえ、30歳の母親として、不安なことも多かったと思う。相談したいことがあっても、そんな時に限って織本は捕まらなかったりするのだ。ごくたまに帰ってくるのは、京都の撮影所で仕事の時。そんな時父は、まず東京の家を出る時に電話し、そこで母につながらないと、東京駅で電話し、次に乗り換えの新大阪で電話し、と予告を打ちながら神戸に来る。電話を受けた母は、父が到着する時間を想定し、それまでに家を片付ける作業に取り掛かる。掃除、寝床の準備、料理…行き届かないと、父の癇癪が起きるのである。父を迎える食卓も、店を閉めて母が一緒に食べられることはまれで、母は父と祖父の晩酌の準備をして店番、自分の食事は後回しということになる。初日は久々の父の帰還に、子供たちも歓迎ムードになるし、父も機嫌がよく「明日は休め！」などと命じて、夜遅くまで盛り上がる。とはいえ翌日になれば、当然幼稚園や学校には行かねばならない。二日目も父が休みなら、家ですることがない父は、コーヒーを飲みに繁華街まで出かける。普段、お出かけがないので子供たちもそのお相伴にあずかるのだが、父は自分の行きたい喫茶店に行くだけで、子供たちの行きたがるデパートのおもちゃ売り場などに連れていくというような発想はない人だった。そもそも、お盆と正月を合わせても一週間程度しか帰って来ないので、結婚記念日や誕生日のお祝いやクリスマスなど、父親を交えた家族イベントは一切ない家だった。一つには、うちがお菓子屋でケーキを売る側だったという事情もある。クリスマスが近づくと、母はどこからかお手伝いの人を動員して、紙でできたブーツにチョコやキャラメル、ガムなどを流れ作業で詰める仕事をさせた。例えば、小のブーツは五百円、中は七百円、大は千円相当のお菓子を詰めて、クリスマス・プレゼントとして買ってもらうのだ。毎年、このお手伝いが始まると、「ああ、クリスマスがやってきた」という気がしたものだ。店は遠足の前も忙しかった。母が食事の仕度など家事をする時の交代要員は普段は私しかいなかったので、小学校に上がる前から店番をするのは毎日の日課だった。時には父も加わったが、売り物の値段を知らないので、父が店に立つ時は私も一緒だった。店を休むわけにいかないから、家族全員で外食することも、どこかに出かけることもなかった。常に家にいるしかないので、母の楽しみは熱帯魚や観葉植物を育てたり、当時人気だったシャム猫やペルシャ猫のブリーディングをしてみたり。時には昔取った杵柄を生かし、依頼を受けて音楽会のカゲアナなどを手伝うこともあった。父は動物もあまり好きではなく、母を慕う猫たちが自分によそよそしいのを、いつもうっとうしそうに見ていた。ある時、父が持ち帰った新品の革のバッグがケモノ臭い匂いを発していたことがあった。それが気に入らなかったのか、猫がそのバッグにオシッコをしてしまった。中に染みて台本が汚れ、父は烈火のごとく怒り、粗相をした猫を捨ててこいと厳命した。父が居るのは、どうせあと数日だ。私は母が何とかやり過ごすのではないか？　と期待したが甘かった。よりにもよって「あんたたちが捨ててきなさい」と私と妹に処分が託された。遠くまで行って猫を放すと、猫は後ろを振り向きもせず矢のように走って、どこかの路地に消えた。

進学塾に通わせてもらい、当時は珍しかった英語や水泳なども、習い事は色々やらせてもらった。だが、父がキチンキチンと生活費を送ってくれている様子はなく、母が店をやりくりして、当時はまだ珍しかったサンドイッチなどの調理パンを手がけたり、煙草の販売にも手を広げたりして、何とか店の売り上げを確保し、それで私たちの教育費なども捻出してくれていたのだと思う。だが祖母が亡くなり、祖父も看取ってからは、店をたたみ、たまに引き受ける音楽会の司会やカゲアナの仕事だけするようになった。世の中にコンビニが誕生して、前ほど売り上げが上がらなくなっていたのかもしれない。だから、うちは決して貧乏ではなかったけれども、裕福ともほど遠かった。幸い私も妹も公立に合格し、母に負担をかけずに済んだ。さて高校時代、せっかく進学校に入ったにもかかわらず、私は勉強に付いていけなくなり、公立大学への進学は望むべくもなかった。というより、赤点の科目があり、卒業も危うかった。そこで私は一計を案じた。たまたま書いた作文が兵庫県で一位になったので、「卒業式の答辞の文章は私に書かせて欲しい」と国語の教師に直訴したのだ。「そんなこと自己申告で決められるか！」と一喝されたが、作文一位の実績は評価され、候補として検討してもらえた。そうなると「落第させるわけにもいかない」となり、追試を受けたりレポートを書いたりして、どうにか卒業式を迎えることができた。

父はそれまで、運動会にも、授業参観にも、ましてや卒業式に参加したことはなかったが、私が答辞を読むことが決まると、母の依頼もあって、朗読の猛特訓が始まった。私の答辞の主旨は「例年のような、きれいごとだけでまとめたものは書かない」。通常は先生や学校を定番のフレーズでほめる系の答辞が定番。それが嘘臭くて嫌だったので、「この学校の先生はおせっかいだが、それがありがたかった」と、いう展開にした。そして、「誰かに借りたら、誰かに返そう」という永六輔氏の言葉を引用して、これからそのおせっかいを出会う人に返していくと締めくくった。そういった内容なので、父の朗読指導も、「極力ナチュラルに。但し、臭くならない程度に感情を込めること」といった感じだったと思う。

さて卒業式当日、父だけが参加した。在校生代表で送辞を担当したのは、新生徒会長となった生徒会の後輩。ジャイアント馬場が、野球が駄目でもプロレスで成功したエピソードを交えて大いに受けた。そこで私も、国語教師にカットされた卒業生の不祥事…バイクと喫煙の補導事件をアドリブでぶっ込み、そんな奴らがおせっかいで救われたという話に広げた。そんな変更も入れ込んだので、読み方の方はぼちぼちというところだったのか。帰宅した父が母にもらした感想は、「練習の方が良かった」と辛口なものだった。だがこの答辞、かなり感触は良かった。なぜなら校長がわざわざ感想を口にしたのだ。「答辞がとても良かった」と。それも式次第が二つも三つも進んで、少し間が外れたタイミングにもかかわらず、どうしても言わずにはいられない、という風情で感想を述べた。私のアドリブに気付いた国語教師は、「アイツ、やりやがったな」と思ったようだが、校長のわざわざの言及に、「まあ、良かった」と許してくれた。

卒業後は、学校の推薦で太陽神戸(現三井住友)銀行に就職した。そして勤めた翌年1979年11月25日、父の所属していた劇団青俳は倒産した。新聞に「戦後初の劇団倒産」の文字が躍っていた。

銀行に勤めたものの、できればシナリオを書いてみたかった。だがそのためにどこかの大学に行ったり、専門学校に通って高い学費を払ってもらうには、志望動機が弱すぎると自覚していた。父に付いて東京に出て、誰かシナリオライターの内弟子にしてもらうか?という話も出たが、「それならば、まずはキチンとしたところに勤めて、社会を学びなさい」と母に言われた。銀行には三年弱勤めた。その傍ら、仲間とアニメやラジオドラマを作ったり、同人誌に取材ルポを書いたりしていた。その後、銀行を辞めてからは、昼は映画館の渉外として前売り券を扱い、夜はゲームセンターのディーラーになって映画を見ながら生活費を稼いだ。なので今も特技は、お札を数えることと、ルーレットを投げられることだ。そうこうするうち、友人の紹介で毎日放送ラジオのＤＪの原稿を書きつつ、レコード出しなどのＡＤ兼務という作家業をスタートさせた。ただのシロウトが、いきなり月～金・週五日、30分×５本のレギュラーを持つことになったので、本当に大変だった。10時過ぎには神戸の家を出て、大阪・千里丘の毎日放送へ。その日のＱシートを見てレコードを出し、連絡便のバスで梅田へ。17時からの番組に立ち会い、終了後に書店か図書館にネタ本を探しに行くのだが、今と違ってネットも検索システムもないので、ネタ本を見つけられない。途方に暮れて、梅田の大型書店の前で泣きたい気持ちで立ち尽くしたことがある。追い詰められて阪急梅田のゴミ箱の上で原稿を書いたこともあった。千里丘から帰る電車賃が無くて、安い腕時計を質屋に預け五百円だけ貸してもらって何とか家に帰ったこともあった。その後、東京の作家と知り合い、そのツテを頼って上京。父の部屋に住み込み、事務所に入って本格的に放送作家としての道を進むことになる。

第十章　新天地・那須に隠された秘密

父はまずＴＢＳのドラマで認められた。１９７０年代に入ると、ポーラテレビ小説にレギュラー出演するようになり、お茶の間に顔を知られるようになった。この頃から少し生活にも余裕が出てきたのか、ゴルフにのめり込んだ。「地味に練習を重ねて、いざという時平常心でプレーに臨むゴルフは自分の性格に合っている」とかで、毎日暇さえあれば、打ちっぱなしに行く。週末はゴルフ場に行きコースに出る。役者仲間と飲んだり、芝居を見に行くよりも、ゴルフ仲間と飲み、ゴルフ場で過ごした。そして父は、ゴルフに通いやすい那須に土地を買って住みたいと、いつしか考え始めていたようだ。

劇団青俳が倒産してから、父は劇団の数人の仲間と一緒にマネージメント事務所に所属していた。劇団への上納が無くなったことに加え、丁度、単発の二時間ドラマが人気を得始めた時期で、それらへのゲスト出演も収入増につながっていた。だから収入はあったのだが、土地を買うにはローンを組まねばならない。ところが父には何も担保物件がなかった。そこで父は、母が相続していた「神戸の家を担保に那須に土地を買いたい」と母に頼んだのだ。母にとって那須は、知人もいない、縁もゆかりもない場所。それに引き換え神戸の家は、家を顧みない父に代わって、長い間店を営み家族を養い、替えがたい居場所として守ってきた場所だ。その唯一の財産を、父が突然行きたいと言い出した見も知らぬ場所を買うために、本当に手離してもいいのか？　また担保にしたとしても、この時点で父がキチンとローンを返していけるのか、何の保証もなかった。

母は悩んでいた。その頃、神戸の人間関係から少し距離を置きたい、という思いもあったようで、全く知らない場所に行って心機一転始めるのも面白いかもしれない、と考えてもいたようだ。だが、自由業者である俳優が家を建てるための道のりは遠かった。まず神戸の家を担保にローンを組んで那須に土地を買い、その次に神戸の家と土地を売ってその金で那須の土地を抵当から抜く。今度はその那須の土地を担保にローンを組み、家の建築資金を捻出する。母は頑張り、仲介業者を立てず手数料なしで神戸の家を売り、その売却資金を父にそっくり渡し、父はそれを頭金にローンを組んだ。母が父に出した条件は二つ。「一つは長年育ててきた観葉植物を育てる温室、二つ目は家族同様に飼っていた猫が自由に過ごせる部屋を作って欲しい」ということ。父は二つ返事で条件を飲んだ。若い日、戦前の長子相続と、義母との折り合いで、帰る家を失くした父。父にとっては、神戸の家も帰りたい家ではなかったのだろう。それがやっと、自分の夢の家を建てることができるのだ。もっとも、それはあくまで母の財産頼みであったけれど…。母が神戸を離れて、はるばる旅して那須に降り立った時、家はまだ整地もされておらず、母は父の探してきた自動車学校の合宿所で、家の完成を待つことになった。家の売却資金は父が母から取り上げ、ローンの返済に回していた。その後父は、引っ越し代も、仮住居の家賃も、日々の生活費すら母に一銭も渡さずに、自分は地方を回る旅公演に出てしまった。誰も知り合いのいない見ず知らずの土地に、半年間も母を一人残して……。そして母を残して姿を消した父は、もう一つ面倒な問題を残していた。

ようやく手に入れた我が家の土地。だが、そのすぐ隣の土地は、父と長年同じ劇団だった女優の名義になっていた。その人は、ある時母が電話をかけると父の隣にいた。電話口に出て、「ノンコ、織本さん放ってばかりいると、私が盗っちゃうわよ」と言ったというのだ。その土地の権利書を見て、母は直感した。父は、母とその人を天秤にかけたのだと。父は、どこかで母を信じ切れなかったのだろう。そりゃ自分のこれまでを振り返れば、そこで母が応じなくても何の不思議もない。それでも父はどうしても那須に家を建てたかった。だから保険を掛けた。母が「行かない」と言ったら、件の女性に声をかけ「老後は、隣同士で住んで仲良く暮らそう」とお金を出させるつもりだったのだ。その件が明らかになった時、私は父を責めた。母が思い切って那須行きに応じたのだから、母が傷つかないようにうまく後始末できなかったのか？　と。だが父は、「世の中、そううまくは行かないんだ」とうそぶいた。それでもどうにか、その土地を買い取ることができ、土地は私の名義になった。

1988（昭和63）年10月6日。母は那須に住民票を提出した。だが母にとって、夢を描いてやってきた新天地は、のっけから複雑なやりきれない想いを抱く場所になってしまった。そして、父は相変わらず母に潤沢な生活費を渡さないまま、週末にはゴルフ客を招き、料理を振舞い、重い布団を上げ下げし、という旅館の仲居のような接待を要求した。

新築された家は、父が自分でスケッチを描いて、それを元に作った父の夢の家であったが、設計士の手が入っていなかったのか、とにかく不便な造りの家だった。広い庭があるのに中庭まで設けてあるので、部屋から部屋への移動距離がムダに長くとにかく大変。また「明るい家がいい」と窓だらけの家にし、その結果、那須塩原という寒冷な土地で、夏はいいが冬は暖房効率が悪く、暖房費がとんでもないことになった。台所や収納も、身長150センチの母には使いにくいサイズだったが、父はそんなことに気付きもせず、「俺は理想の家を与えてやったのだから、ここをきれいに保つのはお前の役目」とでも言うかのように、母に家事を押し付けていた。驚いたことに、冬は結構雪の積もる那須に30年以上住んで、父は一度も雪かきをしたことがなかった。庭の踏み石は凍ると危ないし、ウッドデッキに雪が積もると板が凍り付いて痛む。庭に置いてある車の雪を払ったり、目の前の道までの数メートルの雪かき、いずれもガッチリ凍る前の、夜中や早朝に雪を払わねばならないのだが、日頃無意味に早起きで、日が昇る前から起き出すくせに、父は雪の日はなぜか寝坊して起きてこず、何も目に入っていないかのような顔で、ただの一度も雪の始末をしないまま、のんきに年老いてあの世に旅立ってしまったのだった。だから母はいつも言っていた。「新しい家を建ててくれる…というので来てみたら、ただお手伝いさんをやらされただけだった」と。思えば、夫婦らしい暮らしを重ねて、助け合い、労わり合い、なじむこともなく、やってきた父と母である。人生の晩年でまた共同生活を始めて、それがしっくりくるはずもなかった。那須に家ができたばかりの頃は、そんな家の空気がしんどいことと、父の母への態度が許しがたく、仕事の忙しさにかこつけて那須へは足を運ばなかった。父もまた私が行くとパワーバランスが崩れ、自分の居心地が悪くなるため、二日、三日目には不機嫌になり、ついには喧嘩になった。「その口の利き方直すまで、帰ってくるな！」という父のカミナリが落ち、私も怒りが治まるまで帰らない。間に入る母がしんどい思いをしないためには、できるだけ帰らない方がいいと思っていた。……父の記憶力が急速に衰え、そのために母がＳＯＳを送ってくるようになるまでは。

第十一章　幻となった海外作品
映画「MISHIMA」についてのあれこれ

ドラマや映画の記念品などには、全く関心のない織本が未使用のまま大切に保管していた大理石の小ぶりな灰皿があった。映画「Mishima: A Life In Four Chapters」の際、ポール・シュレイダー監督がスタッフに配ったものだ。

この映画は1985年にアメリカ、ヨーロッパで公開された（日本劇場未公開）。製作総指揮は「ゴッドファーザー」シリーズのフランシス・フォード・コッポラおよび、「スター・ウォーズ」シリーズのジョージ・ルーカスの両名が務め、監督と脚本は「タクシー・ドライバー」の脚本で評価されたポール・シュレイダーが務めている。主演の三島由紀夫役は緒形拳さんだ。映画は、三島文学のダイジェスト三作品（①『金閣寺』②『鏡子の家』③『奔馬』）と、自決当日の三島をドキュメンタリー風に追ったシークエンス＋三島自身の半生の回想パートの④、四つのチャプターで構成されている。織本は陸上自衛隊東部方面総監・益田兼利陸将役。当日、三島を迎え、歓談する。その際、三島の刀を見て、「刃に曇りがある」と手入れを申し出る。刀を手にする陸将に、その後の決起の計画がバレはしないかと固唾をのんで見守る三島と楯の会の面々。陸将は刀をぬぐい鷹揚に返す。この時の織本の芝居が、私はとても好きだ。直後に、この刀を押し付けられて人質にされるのだから、思わせぶりな芝居をしたくなるところだが、織本はそんな様子は一切見せず、自然にそれも幸せそうに、のびのびと芝居をしている。楽しい現場だったのだろうということが、その表情から伝わってくる。

現場には、共同脚本の兄・レナード・シュレイダー氏と、その妻で日本人のチエコさんが常にいて、監督の指示を的確な日本語で伝えてくれたという。その意図は、「ナチュラルに、とにかくナチュラルに」。日本通のレナード夫妻が付いていることもあって、特にこのドキュメンタリー調の部分は、とても自然に流れていく。外国映画にありがちなジェスチャー芝居みたいなものは一切ない。現場で織本が芝居を見せると、監督は「OK、OK」とご機嫌で、ダメ出しもなかったとか。苦労したのは主役の緒形さんで、新国劇調が垣間見えると、監督から「ナチュラルに！」という要求が出ていたという。元々、リアル芝居の追求はアメリカ、ヨーロッパが本場。その本場の映画監督に自分のナチュラル芝居が通用したこと、それが織本にとっては、何よりうれしいことだったに違いない。この現場を一緒に体験した緒形さんは、父のことを、『戦友』と呼んでくれるようになった。

2008年、ドラマ『風のガーデン』に出演した時のこと。北海道の現場で緒形さんが父の到着を待って「おい、戦友。俺は一足先に上がるよ」と、わざわざ挨拶をしてくれたという。それから間もなく緒形さんの訃報が流れた。織本は言った。「あれは、最期の挨拶に来てくれたんだな……」

私は、この『ＭＩＳＨＩＭＡ』の完成版を、たまたま場末のレンタルビデオ屋で見つけ、父に見せた。日本でも上映されていれば、父の評価も上がっていたかもしれない。それは父自身が一番残念に思っていたはずだ。だから、この映画の海外での公開後、父に「中国にオーディションに来て欲しい」という話があった時は、海外で評価を受けてのオファーならと「何としても行きたい」と願っていたが、他の仕事と数日スケジュールが重なってしまったために、ついに行くことが叶わなかった。その幻の海外映画のタイトルをついに本人の口から聞くことはなかったが、よほど心残りだったのだろう。最晩年、病院に入り、不思議なことを口走るようになった時、「明日、中国に行かなきゃいけないんだが…」と言い出した。私はすぐに、「あの時の映画のことだな」と思い当たった。「契約書はかわしてないけど、行かないと困る人が出る…」と繰り返す父に、「明日、行かなきゃいけない仕事はないよ」と話してみたが、得心がいかないようだった。たぶんこれだろうという作品の、父が演じたかもしれない役を見るたび、父が演じたらどうだったろう？　と想像をめぐらす。うまくつながっていたら、海外作品に頻繁に出演する父の姿を見ることがあったのだろうか。もちろん、今よりずっと海外進出はハードルが高い時代だったけれど。

第十二章　最後のジツゴト

2015年
5月21日　那須・実家

この年の冬頃から、那須に帰った時、父にカメラを向け始めていたが、この日、これからは個人の撮影ではなくテレビ番組の制作を目指して撮影していくと両親に宣言。「お父さんの老いていくリアルを、このまま撮らせて下さい」と言うと、「ああ」と言いながらも、自分を俳優として追うテレビ番組ではないのか…と、ちょっと失望した様子。

食前にしか血糖値を測っていない。食後の血糖値の上がり方を見て、インシュリンをどう補うか知るための測定なのに。夜、測り方を注意すると机につっぷして、ワーワー泣いて見せたが、後半は芝居がかっていた。いじめられた自分をことさらに演出して見せたか。「測ることなんか簡単だ」と言いながら逃げ出すために泣いたか。本当に食えないオヤジだ。

5月23日　那須・実家

父が庭の草むしりをする。「庭いじり」と言うと聞こえはいいが、父は母が庭に移植した山野草を、花が咲いている時は写真に撮り、さも自分が育てたように自慢するが、花が終わるとその植物が多年草であっても、雑草とみなして根元から鋏を入れ、時には引き抜いて刈り取ってしまうのだ。確かに一見きれいにはなるのだが植物にとってはたまったものではない。そのあまりに無慈悲な刈り取り方に呆れかえるが、もはや諦めている母は見ないふり。何も言わない。

5月27日　NHK木曜時代劇『まんまこと～麻之助裁定帳～』衣裳合わせ

ＮＨＫへ。役は老住職、主人公の麻之助（福士誠治）の調べごとに答える。父は監督に「セリフ終わりで合掌するのはどうですか」と演技プランを提案する。メイクさんには、眉毛のエクステを要求。「村山首相のように伸び過ぎた白髪がピンピンはねているようにしたい」と。この時88歳。ほぼ現役最高齢俳優だと思うのに、まだ老けメイクがしたいのか…と呆れる。父自身も先輩俳優たちが、十分年寄になっているのに、まだ老け演技や老けの扮装に工夫を凝らそうとする姿を、「老人の自覚がないんだ」と笑っていたのに。

6月13日　NHK木曜時代劇『まんまこと～麻之助裁定帳～』ロケ

新幹線の大宮駅で待ち合わせる。マネージャーは車で東京から。父は新幹線で那須から。私は東京から新幹線で合流。駅前のロータリー、今は北側しか入れないので北口の階段降りた所で待ち合わせ、と何度も確認したのに現れない。電話をすると、どこにいるんだと怒っている。南口にいるとわかり迎えに行き、反対側に回ろうと言ってみるが、「もう疲れて歩きたくない。車を回してくれ」と動かない。マネージャーに南口まで迎えに来てもらって、ようやく合流。

現場のお寺に到着。本番…セリフがあいまい。自分から提案した演技プランもすっかり忘れていて、監督に促されてようやく演じる。終了後、汗になった肌襦袢を着付け担当の人から受け取っていると、「こいつ、殊勝な顔してるが家じゃこんなんじゃないんですよ。俺のみっともないところを撮ろうとしているんだ」と嫌事を言う。

6月18日　那須　病院へ

もの忘れ外来の担当医から、認知症検査の結果などを聞く。仕事が続けられているので認知症とは言い難いが、認知症テストの結果や脳の萎縮を見るとアルツハイマー型認知症の疑いがある、というあいまいな結果。当然父は結果を認めない。特にこの先生は、役者としての父に関心がなく上から目線なので父と非常に相性が悪い。前回は今日の日付さえまともに言えなかったのに、病院通いとテストに慣れたのか今日は日付もちゃんと答える。病院からの帰り道は医者の悪口ばかり。

7月17日　那須・実家

黒木瞳監督の映画「嫌な女」のセリフの暗記。まるまる台本3ページにわたる一人語りがある。大丈夫かと様子を窺うが、ほぼ頭に入っているようで安心する。もっとも今日が大丈夫でも明日も大丈夫かは、はなはだ不安だが。

7月31日　映画「嫌な女」静岡ロケ打ち合わせ

事務所の車で静岡に。本番前日に監督と会い、セリフの確認。明日はファーストシーンが、織本演じる近藤老人が、別れた妻への一人語りのメッセージをビデオ映像で託す、長ゼリフの場面からだと聞かされる。撮影初日に最難関のワンシーン。父はホテルで最後のセリフ確認。撮影をするが、気が散るらしく「出て行ってくれ」と言われる。

8月1日　映画「嫌な女」静岡ロケ本番初日

撮影場所の病院は、廃業した空き病院でなく現役の病院。その空いた病棟を借りてのロケ。近藤老人は長年連れ添った女房に熟年離婚されるが、死を目前にして別れた妻への感謝の気持ちを、弁護士である徹子(吉田羊)に託すのだ。入院患者なので衣裳のパジャマに着替える。黒木監督、吉田羊さんとあいさつ。中庭に準備ができ、撮影開始。長ゼリフはカットを割らず、長回しの一発撮り。さんざん失敗するかと思ったら、父は奇跡のように一発でOKを出す。もっともその奇跡のノーカット一発OKカットはある事情から、後にお蔵入りとなってしまうのだが…。

撮影の合間、黒木瞳監督と「女優監督は田中絹代さん以来だ……(「乳房よ永遠なれ」1955年)」という話をしている。「当時は女優さんが監督するのは風当たりが強く大変だった……」というようなことを父が話すのだが、黒木監督は撮影初日ということもあり、気もそぞろ。時代的な背景もピンと来ていないのだろう。自分には関係ない話、という感じで表面的な相槌。父も耳が遠いので、受け答えが全くかみ合わない。

8月2日　映画「嫌な女」静岡ロケ本番二日目

空いている入院病棟の一部を貸してもらって、入院患者たちのやりとりを撮影。昨日の撮影では、吉田羊さんが織本の〝目線に付き合って〝カメラの後ろに居てくれていた。だが今日の相手は目線につきあうという意識がないようで…「あの子は、すぐどこか行っちゃうんだよ…」と父がこぼしている。〝目線に付き合う〝とは、向き合ってやりとりする芝居で、片方のアップを撮る時、カメラには映らなくても相手の芝居の目線の先に立って、芝居に付き合うことを言う。いちいちリアクションの芝居まではしなくても、カメラの脇に相手役が居て、その顔を見ながら芝居するのとそうでないのとでは当然芝居も違ってくるので、ベテランでもそういうことを大事にする人はちゃんと付き合ってくれる。最近は、新人俳優にそういうルールを教える監督や助監督も少なくなっているのか、目線の先から消えて、待機場所に帰ってしまう人も多い。全シーン終了して東京に車で戻る。父はホテルに一泊して那須へ。私は自宅へ帰る。

9月10日　那須・実家

ここ数日、秋の長雨が続いていたが、ニュースを見ていると栃木県の鬼怒川が増水して氾濫。那須周辺にも避難注意報が出ている！　だが父は避難場所も知らず、全く関心がない。避難意識がゼロ！　足元が覚束ないので、豪雨で足場が悪くなりそうなら、人より早く避難方法も考えなきゃいけないのに。窓外は、雨樋が詰まって盛大に水しぶきがしたたり、激しい雨音も立てているというのに、目も耳も悪くなった父は、「まだ雨は降っているのか」と、とぼけたことを言っている。母は母で「お父さんが逃げへんのに、逃げられへん」と言うだけで、これまた「避難場所がどこかは聞いたこともない」とのんきなことを言う。ネットで調べて、母に避難場所を教える。「早め早めに逃げる準備をしないと、手遅れになるよ」と口酸っぱく言うが、両親の反応はどこまでも鈍い。

9月11日　那須・実家

父は昨日も今日も、テレビ朝日『相棒』のセリフを入れている。寝床の周りには覚えられないセリフのメモが散乱している。そのメモの字のバランスがとても悪い。書の得意な父の字とは思えない。漢字を全体の塊として捉えられなくなっているのだ。字の大きさもおかしい。小さくまとまって書くことができないようだ。小学校低学年の字みたい。

9月13日 『相棒14』第4話ロケ

事務所の車と合流して『相棒』の現場へ。小平にある豪華な和風建築の邸宅。政財界の黒幕・譜久村の屋敷…という設定。その譜久村役の父は、着物姿にサングラス。引退したヤクザの親分という風情だが、この格好は演出の和泉聖治監督のお父さんのスタイルを真似たものだという（和泉監督のお父さんは芸術家で俳優かつ監督だった方）。のちに、『やすらぎの郷』で演じたテレビ界のドン・加納英吉の時も同じスタイルなのだが、クラシックな（戦中派の）悪の首領は、このスタイルがある世代にとっての定番なのだろう。こだわりは首元に巻く薄いスカーフ。老人の防寒スカーフで薄手の生地でクシャっと巻いて、端っこは着物の襟もとに突っ込んでしまうような雑な巻き方をするのだが、若い衣裳さんにはなかなかイメージが伝わらず、またそれにピッタリな形の男物のスカーフがなく、揃えるのが大変だったようだ。

物語は、若い女性の失踪事件が発端。実はその女性の父は、二十年前に右京が追っていた男。政財界の黒幕＝譜久村を逮捕するための手掛かりだった。その譜久村が失踪した女性の背後にいる可能性を感じ、右京が接触。やがて裏社会の闇と譜久村の歪んだ愛が浮かび上がってくる。

撮影は縁側の籐椅子に座る譜久村の所に、右京と冠城が面会に来る場面から。続けて手錠を掛けられるシーンや、一斉査察が入るシーンなども。さて、舞台となる譜久村の屋敷には、青いバラが育てられている。その青いバラの下に秘密が埋められているのだが、それを発見する警察犬役のシェパード犬の姉弟もスタンバイして、現場はどんどん賑やかになる。水谷豊さんは、長い説明ゼリフにもかかわらずしっかりセリフが入っていて現場では一切台本を開かない。主役の水谷さんがそういうやり方なので、伊丹、芹沢コンビの川原和久さん、山中崇史さんも台本を手にしない。このシーズンから参加した冠城亘役の反町隆史さんも、そのやり方に準じるべく台本はマネージャーに預け、時々確認のために開く程度で、スピーディーに撮影を進めていく。また、現場の状況と台本の流れがうまく合わないような時は、水谷さん、川原さん、山中さんが意見を出し合い、和泉監督に変更を提案。和やかかつ効率的なやりとりで進行。父は本番のファーストテイクでは、セリフもできていたのだが、カメラの機材的なトラブルでテイクを重ねると、緊張感が切れるのかセリフをとちり始める。崩れると元に戻れない。しかし監督は意に介さず、使える部分は生かし、カットを割って一部だけリテイクするなどして臨機応変に進めていく。休憩時間、記録さんがそっと近づいて、「お父さんはできてたのよ。あれはね、こちらが悪かったの」とささやいてくれる。父のトチリが続いて、いたたまれない気持ちでいたが少し気持ちが軽くなる。

現場で台本の段取りが変更になった時も、父は現場で変わった台本に即座に対応して問題なく本番を終えた。通常なら何てことない変更点だが、今の父の状況としては段取り変更に対応してセリフを間違えずに言えるのは、かなりのグッジョブ。撮影が進んでいくと、セリフのとちりが増えていったが、水谷さんが近づいて来て、「さっきのように段取りが変わると、すぐに修正して演じるのは大変なんです。簡単にできることじゃないんです。それをお父様は、あのお年で、さすがです」と、フォローしてくれる。『相棒』の著作権の関係で「水谷さんと絡んでいる映像は撮らないで下さい」と東映のプロデューサーからは厳重に注意されていたのだが、水谷さんご本人は、「僕はいくらでも見切れて構いませんから」と、こっそりと耳打ちしてくれて、時々父に近づいて画になるようなやりとりを作ってくれる。もちろん、それは使えないのだけど、その心遣いが有難い。和泉監督も、「俺は何にも制限ないから、どこでも好きなだけ、思う存分撮ってくれ」と大盤振る舞い。「父が、共演者や現場のスタッフに愛されているのだな……」ということが伝わってきて、有難さをかみしめる。撮影の待ち時間に父が言うには、昔、水谷さんとやりとりした話があるそうで、「何て言ったか忘れちゃったんだけど、それを今も気にかけていてくれるんだよ」とのこと。「思い出してよ」と言ってみたが、もうすっかり忘れたと…。たまたま水谷さんと二人になった時に、「父がこう言っていました」と話すと、水谷さんは右京のように少し思わせぶりに笑って、「僕はちゃーんと、覚えていますよ」と言うではないか。「織本さんはね、『君は俺らのような世代の役者と違って、一から二、二から三と順々に成長するのではなく、一から三、時には四や五と、予想もできない成長曲線を描く役者になるんだろうな』と言ってくれたんです。それはその時の僕にとって、とても励みになりました」。若い頃の水谷さんは、まさに新世代の象徴…という存在で、目が離せない注目の新進俳優だったが、その水谷さんに、保守派代表のような父がそんな言葉をかけ、それを水谷さんが大事に思っていてくれたとは…。

撮影は進み、犬たちが埋められたものを発見するシーンも無事終わり、後は夜のシーンとなった。「食事入れずに、〝雨降らし〟スタンバイしまーす」と助監督から声がかかる。〝雨降らし〟とは、雨の場面を作ること。放水車を持ち込むか水道栓から水を供給し、広範囲に均一に水が散るようにパイプを何本も組み合わせた降水機などを設置し、監督の望む雨が演出できるよう水量を調節する。木とか庇とか、どこに雨を当てて絵を作るか、それを照明でどう美しく見せるか…と、とにかく各パート準備に時間がかかる。すでに完全に日は落ちている。これは深夜までかかるパターンか？　と身構えていたら、小一時間もしないうちに準備が整い、撮影が再開した。その手際の良さに、さすが和泉組！　とうなる。その後は、二階の座敷へ。背景となる襖も、大胆なデザインで、和泉監督のセンスが溢れている。

黒幕・譜久村が歪んだ愛の対象である女性を刀で斬り殺す場面。やりとりの中で激高し、刀を手に取り斬る……という流れなのだが、父の足元が覚束ないので、立ち上がり、刀を取り、踏み込んで斬る……という一連をテキパキと演じることができない。相手役の女の子の芝居もビシッと決まらない。和泉監督は本番、リテイクを繰り返しながら修正。織本の動きが悪い移動の間を中抜きし、短いストップモーションの画を畳みかけるようなつなぎをイメージして、撮影を進めていく。その結果、無駄に頭から通してのやり直しもなく、父も体力を消耗せずに本番を終えることができた。体力を使い切ってしまったらセリフも出なくなるし、さらに現場に迷惑をかけることになるので、ＯＫラインギリギリだが、何とか終えることができてホッとする。立ち座りにスタッフや共演者の手を借りている父本人は、当初の撮影プランを監督が変えていることもわかっているはずなのに、悪びれた様子もない。こんなことでいいのだろうか…と、見ているこちらが不安になるが、ひとまず全カット撮了して、現場を後にする。終わると父はグッタリ。

9月22日　那須・実家　妹夫婦が来る

8年ぶりに妹夫婦が神戸から那須に来る。家族で食事。そろそろ母が客用布団の上げ下ろしなどがキツくなっているので「そのあたりは自分たちでよろしくね」と頼んでおいたのだが、外出の戻りが帰りの新幹線の時間ギリギリになり、バタバタとそのまま帰っていく。「父が仕事も生活もままならず、それを世話する母も大変なのだ」と、旦那の居ない時に妹を交えた家族だけで話したかったのだが、それもできなかった。まあ、話したところで、神戸を離れられない妹を頼りにはできないのだが。

２０１６年
１月１日　那須・実家

年賀状を書く。例年のことだが、父は自分で年賀状を準備しない。母が「何枚必要？」

と聞いても、「俺はいい」などと言った挙句、いただいた賀状に返事を出す必要が生じると、母の年賀状を勝手に使う。今年はそれに加えて、住所を覚えて書き写すことが難しくなっているのか、住所や宛名をやたら書き間違えては、次々と書き損じを出す。母が必要な分が無くなるほど。ここで毎年、母の機嫌が悪くなり険悪な空気になるので、「宛名は私が書くから」と父から年賀状を取り上げる。本人は「面倒なことから解放された」と言わんばかりに、せいせいした様子。字が自慢だった父だが年賀状の文字は…。父が車で年賀状を出しに行くと言い出さないように、近くのコンビニまで歩いて行き、投函する。

1月7日　那須　病院へ

糖尿病のための循環器内科と、認知症のための神経内科の受診など。認知症は、甲状腺機能低下症によるものである可能性があると言われる。今回の主な相談事の一つに便秘があったのだが、それも甲状腺機能低下症の症状とのこと。下剤など症状改善のための薬が出るが、「認知症傾向は改善しません」と言われる。病院への往復。母の運転だが、その際に父は絶対に助手席には乗らない。父は母の運転を信用しておらず、必ず一番安全と言われる運転席の後ろに座る。帰りは特に機嫌が悪い。病院内を歩いて移動するのが大変で疲れるためと、担当医が上から目線なのが気に入らないのだ。

帰宅後、服薬。特に下剤は、「いきなり多く使用しないように」と言われていたので、それを注意すると癇癪を起す。受診中から私が間に入って質問したり、補足で説明したりするのが気に入らなかった模様。注意する私に対しても「決めつけるような言い方をするな」「あのクソ医者が」「お前も口のきき方に気を付けろ」「口のきき方を直すまで帰ってくるな」と。癇癪が収まらないので、この日私は予定を繰り上げて東京に帰る。…ところが、私の注意を聞かず、就寝前の早い時間からたくさん下剤を飲んだため、夜中にトイレが間に合わず便を漏らす粗相をして、母に始末してもらう羽目になったそうだ。あれほど注意したのに…と、電話で状況を聞かされたこちらも脱力する。父に言わせれば、「自分が粗相したのは、医者の説明が悪いせい。薬を余分に飲んだのは、説明する結美の言い方が生意気だから張り合って飲んでしまった。ママ（母）がもっと早く起きて面倒を見てくれていたら、トイレに間に合わないということもなかったはずだ」という勝手で一方的な理屈になるらしい。全て他人のせい。私だったら、世話したい気持ちが消え失せ、汚れたまま放っておきたくなるような言い草だが、母は怒りながらも、仕方なく世話をしている。

1月14日　東京・事務所―新宿・中華レストラン

　事務所アルファエージェンシーにて、雑誌『別冊映画秘宝特撮秘宝』の取材を受ける。テーマは映画「宇宙からのメッセージ」について。実は取材ライターさんの一人が、私の同人誌仲間で、昔私が同人誌に書いた……父のミニインタビューの内容について改めて聞くというような形での取材だった。どういうことかというと「宇宙からのメッセージ」で演じた大酉長キドの役はピンチヒッターだったということ。どなたの代打だったか、父は映画界の慣例として当時、名前を明かさなかったが、私は40年前に同人誌で「それは吉田義夫さんだった」……とバラしていたのだ。改めてその辺りのことを含め、映画の話を聞きたいという取材だった。残念ながら私は仕事で抜けなければいけなかったので、取材の様子は把握できなかった。

　取材後、事務所社長の万代さんが俳優のみなさんに声をかけて、食事会を設けてくれる。新宿に場所移動して食事会。参加メンバーは、根岸季衣さん、余貴美子さん、でんでんさん、菅原大吉さん、前田亜季さん、そしてマネージャーの面々。父はすっかりご機嫌で、演技論などを語っている。だが見ているると、箸が覚束ないので料理がうまく取れず、何も食べていない。昼から考えると長時間空腹状態なので、低血糖が心配になる。ひとまずカメラを置いて、父の食事の世話。箸でつまめないため、手を付けられないでいた春巻きをナイフで短く切り、こぼさず口にでき、柔らかくて飲み込みやすい料理を取り分ける。本人は会食が大好きだが、箸が上手く使えず、盛大にこぼしたりするので、同席するみなさんが気を遣うのではないかと、いたたまれない。私の心配をよそに本人は、得意になって『演技は呼吸だ』と語っている。みんなに話を聞いてもらえるのでご機嫌だ。会食後、ホテルまで送ると、ドッと疲れている。そこで別れて帰宅。翌日、大丈夫か気になって電話してみるが、携帯が鳴っても基本耳が遠くて気付かないか出てくれないので、応答なし。ホテルに電話して、朝無事チェックアウトしたことだけ確認。那須に電話して、間もなく帰ると思うと母に伝えておく。

4月16日　那須・実家

庭のサツキやツツジが花盛り。父に庭に出て見て…と促し、撮影。その後、庭掃除する姿など。父の根こそぎ植物を刈り取る庭掃除についての母のぼやきも撮影。

4月17日　那須・実家

朝食後、ＮＨＫ『水族館ガール』の台本を読む。決定稿が出ていないのか、読んでいるのはコピー。

4月18日　那須・実家

昼食後、突然立ち上がれなくなる。「引っ張ってくれ」というので母が手を取ると、全く足に力が入らない様子。母も全力で引っ張り立たせるが、「そうっとやってくれ」などと、トボケたことを言っている。そうっと…優しく…というレベルの力では、到底立たせられない状況なのに。立ち続ける重心のバランスも取れないようだ。筋力がなくなったところに加え、体の使い方を忘れてしまったのか。そんな状態なのに、いきつけの喫茶店の常連さんから、お誘いの電話がかかると車を運転して出かけてしまう。心配なので母に電話してもらい、「出かける前、調子が悪そうだったので、ちょっと様子を見てやって下さい」とお願いする。すると、「今日は無理しない方がいい、と帰らせます」とのこと。母が、「要らんことをした、と言って不機嫌に帰ってくるやろうな」と怯える。ほどなく、苦虫を噛み潰したような顔で帰宅する。「具合悪そうやったから、心配してお母さんに電話してもらったんや」と声をかけてみるが、無視される。もう勝手にせえ！　と思う。

5月10日　那須・実家

『水族館ガール』の決定稿届く、セリフ入れる。

5月21日　東京『水族館ガール』衣裳合わせ

衣裳合わせ。川柳を読む設定なので、小道具に「矢立てを用意して」とお願いする織本。だが若い小道具さんに矢立てが通じない。矢立てとは携帯用の筆と墨壺のセットのこと。

その後、事務所に戻り、近くのマクロビレスランで社長の万代さんと食事。フォークがうまく使えないのでサンドイッチを勧めるが、本人はパスタを食べたがる。万代さんが、「あと半年で65歳になります。織本さんと出会った時に、織本さんが65歳だった」と。父が席を離れた時に、万代さんに「車の運転をやめるよう言って欲しい」とお願いする。「万が一事故ったら、ドラマのオンエアができなくなるから」と伝える。本人、聞いているが、「運転したってバレなきゃいいんだろ?」という感じで、他人事のような顔をしている。

やれやれ。

東京駅へ。構内の待合室で那須に電話かけようとするが、うまくかけられない。リダイヤルの呼び出し操作がわからないのか。私に聞くと、「そんなこともわからないの?」と言われそうで、それが嫌なのか、掛けられないことを誤魔化すので、放っておく。新幹線の乗り込みを見送り、別れる。

5月31日　東京『水族館ガール』しながわ水族館ロケ

早朝6時。ホテル前で迎え。車で現場の水族館へ。衣裳に着替え、メイク。とはいえ、あまりドーランなどを塗らない(メイク用のファンデーションを塗らないと、顔を触る芝居が自在にできるから……と、年を取ってからは殆どメイクをしなくなった)。水族館内でのシーンを次々と撮っていく。が、やはり所々セリフがあやしい。伊東四朗さんと挨拶。伊東さんに「あんたのテレビ見てるよ」と声をかけるが、ドラマではなく、ナレーションを務める『新・BS日本のうた』のことなので、話がかみ合わない。その後、別場所で伊東さんが織本について話しているのを聞いてしまう。それは……「織本さん(すっかり老けていたので)パッと見わからなかった……。若い頃は、上背もあるし太っていて、ゴルフのコンペなんかで会うと、殴られるんじゃないか…みたいな殺気というか、怖さもある人だったんだけどなぁ…」という述懐。確かに昔の父は、174センチ80キロ超え、パンパンの体格。一方で人づきあいは（以前は売れていないという自信のなさもあってか）かなり不愛想だったので、周囲から怖い人と見られていたのだ。それがすっかり縮んで、ヨボヨボのおじいちゃんになっていたので、伊東さんも久々に会ってギャップに驚いたのだろう。

その後、川柳のシーンで頼んでおいた矢立てを使って芝居をする。父のコミカルな芝居で落ちが付いてクレーンアップしてエンド。ここはキッチリ決める。

6月11日　神奈川県『水族館ガール』葉山海岸ロケ

ホテル前で待ち合わせて、葉山に向かう。県立葉山公園の海岸に着くと、砂浜の現場へ。何でもない平地の砂浜だが、砂に足を取られモタモタとしか進めない。現場に作り込まれたセット…〝恋人たちの告白の名所・ラバーズ・ベンチ〟に座る頃には足がヨレヨレになっている。立ち座りにも妻役の富田恵子さんの手を借りないとダメな状態。ラストは、石丸幹二さん演じる水族館総務課長・倉野が老夫婦の記念撮影をして、ここでの撮影は終わり。

6月14日　東京『水族館ガール』しながわ水族館ロケ

品川の水族館で残りのシーンを撮る。待ち時間となる。待機場所でご一緒した木場勝己さんが聞き上手なので、父はすっかりご機嫌。昔の役者さんの話などが止まらなくなる。葉山での撮影、天気は曇りで日差しはさほど感じられなかったが、私は帽子からはみ出した首の後ろが日焼けしてしまう。通りがかりに目ざとくそれを見つけた石丸幹二さんが、「ケアしておいた方がいいですよ」と、親切にも声をかけてくれる。父はその日差しと、砂浜の歩きで疲れ切っていた状態から、元気を取り戻したのはいいのだけど、興奮して壊れたようにしゃべり続けているので、体力のペース配分は大丈夫なのか不安になる。織本が控室の真ん中でしゃべり続けているので、やはりゲスト出演の小沢仁志さん、和義さんご兄弟が遠慮して、自分たちの化粧前を外のスペースに設けて下さった。顔は強面だが、気遣いのこまやかなお二人……申し訳ない。イルカショーのスタンドにエキストラの観客も入って、ヤクザ(小沢兄弟)との絡みなどアクションシーンのリハと本番。人間たちの様子をイルカたちが不思議そうに見ている。

スタンドでのシーンが終わり、父は控室に戻る。次の出番に備えて、台本を開く。普段は現場で台本を開いたりしないのに、台本を手放さないばかりか、顔つきまで不安そうになっている。セリフが頭に入らないようだ。食事中も、弁当の脇に台本を開いたまま。時々、台本伏せてセリフをたどるが、すぐまた開いて確認。まばたきが多くなる。呼ばれて、現場へ移動。シーン12、段取り確認後、本番。セリフがあやしく、監督が来てセリフを付け直す。「織本さんのセリフから」とリテイク。また間違い、止められる。父の方から「語尾の言い方を変えてもいい?」と、聞いたりしているが、覚えきれない言い訳のようだ。セリフがいつまでも言えないので、モニター前の監督たちも、「あやしいままOKしてしまうか、もう一度やり直すか」協議している様子。「確認します」と声がかかったまま、長い待ちになる。自分のセリフの協議なので、最初の内は不安そうに、立ったまま待っていたが、椅子が用意され、じっと待つうち、ある時点でフッと緊張が途切れた瞬間があった。責任を放棄したように力が抜け、目がショボショボになっている。長考の結果は「チェックOK! このシーンは終わりでございます」。そのまま、大ラスのカットまで撮り終え、撮了。監督から記念品を贈られる。拍手の中、現場を後にする織本。全編終了、「本日以上です」の声が響く。

結果的には問題なく終えられたが、ＮＧ協議待ちの最中、責任放棄のように緊張の糸が切れた姿はショックだった。でも、あれが88歳の織本の今の限界なのだろう。ホテルに送り、別れる。

6月15日　那須・実家

午後、那須へ帰る。父は、この日の朝早く帰宅したが、昨日の疲れから昼から布団に入って寝ているという。そこで父の居ぬ間に、母にインタビュー。神戸の家を売って那須の家を買ったこと。ところが目の前の土地が、父の女と思われる人の名義になっていたこと。那須に来ても、そこから半年かけて家が建つまで、自動車免許教習所のマンションに仮暮らしとなったこと。その間父は旅公演に行ったままだったこと。誰も知り合いがいない土地に、引っ越し代金も、自動車学校の家賃も、生活費ももらえずに、半年間も一人で置き去りにされたこと。放置の半年間、一銭もお金をくれなかったこと。ようやく家に落ち着き、あちこち案内されると、行く先々に先に父の女が立ちまわっていたこと。誰も知り合いのいない土地で、何一つ収入の方策もないのに、出ていくお金は全て自分で賄わなければならず、父は旅公演でどこにいるかもわからない。怒りと不安で発狂するような状況だが、よく耐えたなぁと思う。母は私たち娘にさえ、ＳＯＳを出さなかったのだ（それが母なりの意地だったのか？）。

那須に夢の新居ができる……みたいな触れ込みで地元の友人たちに送り出されたのに、来てみたら何から何まで父に裏切られていた……ということを、改めて聞き、その事実を噛みしめる。「あの人、人間やないで。人間の心がない」という母の訴えが重い。那須に引っ越すにあたっては、「本当に神戸を離れていいの？　後悔しないの？　父と離れて自由になるという選択肢もあるんだよ？」と母には何度も確認した。けれどその時は、チラつく女の影に、「ここまで我慢してきたのに、今さら父の自由にさせるのも癪にさわる」という母なりの意地と、母自身が神戸での人間関係に一区切り付けてみたい……という思いもあって、那須で心機一転新しい生活をしてみたい、と思ったようだ。だが現実には、想像のさらに上を行く過酷な裏切りが待っていた。母は父に中村の籍に入ってもらったということを、ずっと申し訳なく思ってきたのだろうが、どう見ても父の態度は、「中村の姓を継いだのだから、神戸の家も俺のもの。売ったお金で何しようとかまわないだろ？」と、言わんばかり。わが父ながら、母への態度は本当にひどいと思う。だが母も、若いうちから、ひどいことばかりされてきたのに、どこかで怒りをぶつけるタイミングを逃し、父もそれを許されていると勘違いし、増長に拍車をかけた結果ここまでひどい仕打ちをしたのではないか？　と思ってみたりする。これほどまでひどいことをしても那須に家が建てたかったのか。夫婦のことは子供でもわからないと人は言うが、曲がったことの許せない母の性格を考えると、なぜ父をそのままにさせ続けたのか、どうしてもわからないのだ。母は言う……「許したわけじゃない」と。決して許したわけではないけど、超絶お人好しの母が、家族愛を知らない父への憐みの心から、怒りをぶつけるタイミングを探るうち、ついに怒りそこねたまま現状を迎えてしまったのではないだろうか。

6月16日　那須・実家

この日は「車の運転は危ないからしないで」という話を、有無を言わさず持ち掛ける。すると、「俺をいじめるなよ」と泣き出す。こちらは理屈で話をしようとしているのに、すぐに父は、自分が被害者であるかのような感情論に持ち込むので話にならない。だが、これまでにもお店の駐車場で他の車にぶつけた接触事故もあるという話。幸い知り合いの車で、保険でカバーするからと言われ、大事にならなかったそうだが、それが幼い子供を巻き込んだりしたら、取り返しのつかないことになる。本人は「わかっている」というが、最近の仕事での体たらくを見ても、信用できない。父はぐずぐずと泣き続け、定番の泣き言…「俺は、お袋に家を追い出されたんだ…」を繰り返す。「役者になる」と言った時、「家に金を入れないなら、出ていきなさい」と言われた話だ。ここから父には帰る家がなくなり、それが父のひがみ根性の芯になっているようで、泣くと必ずこの話になる。そりゃ、かわいそうだけどね、そういうあなたも母のものを好きに使って自分勝手に家を建てたんじゃないの？　いつまでその話、引っ張るの？　呆れて付き合う気にもなれない。

7月2日　那須・実家

友人からお誘いの電話がかかってくるが、父が車で出かけないよう、電話に出た母が、「車で拾っていただけますか？」と頼む。迎えが来て、小銭をポケットに助手席に乗り込む。

7月8日　那須・実家

この日は、事務所から預かった新作の台本を父に渡す。柄本佑さんが主役で、その祖父で準主役。出ずっぱりなので、セリフも二百以上。今の父には無理なのでは？　と思うが、本人はどう判断するのか。社長の万代さんからは「読んで返事を下さい」と言われている、と伝える。「原作は文学賞受賞作だ」と母が説明するが、父は理解できない。集中して台本を読み始める。5時になり、6時になり、食事時間が過ぎても読み続けている。ようやく読み終える。事務所に電話するが、万代さんは不在。そのまま寝に上がる。

7月9日　那須・実家

翌朝、血糖値測定を終えると、客間に移動して電話。「台本、読みましたよ。この年で、こういういい仕事が来るとは思いもよらなかった」と、ごきげん。原作も読みたいとリクエスト。電話切った後、「セリフ多いけど大丈夫?」と聞くと、「やりとりだからね」と余裕かまして答えるが…。

母の運転で、友人に会うため喫茶店へ。どうやら、仕事が入ったので運転は諦めたようだ。友人が着くまで車中で待っていると、「ここでひどい事故があった、自分もぶつけられた」と話し出す。母から聞いた接触事故のことだな…とピンとくる。父の話では完全に人のせいだが、本当にそうだったのか? その後、一人で喫茶店へ。友人たちとのやりとりも取材したいと父に言ってみるが、拒否される。理由は「テレビなんか関係ない人たちなんだ」とのこと。「取材の主旨はこちらで説明しますから」と言っても聞く耳を持たない。

8月11日　那須・実家

午後、那須着。ここ数日、セリフが入らない父が、夜中に起きだしてそのまま眠らずに台本を読むため寝不足で、心臓の調子も悪そうだと。母もつきあわされて寝不足になっている。

8月12日　那須・実家

ドラマは大阪のスタジオで収録なので、同行したいのだが、「結美も同室に泊めてやって」という母からの頼みを、「今回は大変だから同宿なんてとんでもない」と断ったと聞かされる。撮影で同行するのも迷惑と言わんばかりだったとか。だが今回のドラマは、どう考えても現場で立ち往生しそうなので、撮影は押さえたい。幸い相手役は同じ事務所の佑さんだし、現場マネージャーさんと連絡取り合って、父の許可を得ずとも現場に行くか？など方法をあれこれ考えてみる。

8月13日　那須・実家

この日は、深夜起きだして台本を取り出し、セリフを覚える後ろ姿を撮影。父は以前、「夜中に目が覚めた時、頭の中でセリフを手繰ってうまく出て来たらOK、安心して眠れる」みたいなことを言っていた。それがどうも最近、一旦寝てしまうと覚えたはずのセリフを忘れてしまい、出てこないようだ。そうなると、台本をもう一度見直し、覚え直さないといけないし、覚えても「眠ったら、また忘れてしまうのか?」という不安があると、そこから安心して眠れなくなっているのでは?　と推測するのだ。そんな感じで、夜中の2時ごろから起き出してしまうので、夕方6時には床に就く。一方父と違って夜型で、父の寝ている時間が唯一の自由時間であるため、0時過ぎでないと眠らない母は2時間程度しか眠れないことになる。昼間は二人して、あくびばかり。衣裳合わせなどの日程は迫ってくるが…。

8月14日　那須・実家

朝、調子が悪いと父が言い出す。「大阪に行けない」と言い出したと母が伝えに来る。カメラ手に父に聞きに行くと、「体力の自信がない。移動も大変だし迷惑掛けるかもしれないから、辞退しようと思う」と。実は昨日のうちに、父に知らせず万代さんに状況を伝えた。すると「織本さんが心配してるだけで大丈夫なんじゃないの?」という反応だったので、「台本が覚えられないのはかなり深刻です。体力的にも眠れていないので厳しい。なので父が『降りたい』と自ら言い出したら、あまり引き留めないで」とお願いする。

8時になるのを待って電話。電話を掛ける直前、母と私に向かって、「電話を代わるかもしれないけど、俺、台本覚えたっていうのは言うよ。でないと台本に文句付けてると思われたら困るから」と言い訳。普段、自分の仕事のことに私や、ましてや母に発言させたりすることなど皆無なのに、なぜそんなことを言い出すのか。何度も念押しするので、母が仕方なく返事する。父、電話。誰にも代わらず一人で説明をする。「このところの暑さもあって、体調があまりよくないんだよね。大阪の仕事、移動も不安だし、ひょっとして迷惑をかけるかもしれないから、遠慮した方がいいんじゃないかと思って。台本は全部、覚えたんだよ」と。電話を切った父は、「何もすることなくなったから、また車の運転でもしようかな」と憎まれ口をきく。それでも重荷を下ろしてホッとしたのだろう、定位置のマッサージ椅子で、いびきをかいて爆睡。母も食卓の椅子で眠りこけている。テレビでは天皇陛下譲位のニュース。「体力の限界を……」というコメントが、今の父の姿と重なる。

9月7日　栃木県映画「ｂｌａｎｋ13」足利市長福寺・自治会館ロケ

朝5時に起き、身支度する父。ズボンのボタンを留められないと地団太踏んで癇癪を爆発させる。指先が利かずボタンやホックが留められないだけのことなのだが、「できない」と頼めばいいのに、プライドが邪魔するのか「頼む」を言えずに一人で癇癪を起している。結局母に、ホックを留めてもらう。準備万端で迎えを待つが、ずっとイライラして不機嫌。迎えの車に乗り込みロケ先へ。

この映画は齊藤工さんの第一回監督作品。ドラマ『医師たちの恋愛事情』で共演した齊藤さんから直々のオファーを受けての出演。物語は父親の死にまつわる話で、ある家族のもとに、幼い頃に失踪した父親（リリー・フランキー）が、胃がんで余命三カ月であると連絡が来る。父が残した借金で苦労した家族は無視を決め込むが、次男（高橋一生）だけは見舞いに行く。やがて葬儀の日、参列者たちが思い出を語り始める。すると子供たちが予想もしない、人情味あふれる父の生きざまが明らかになる。今日はその葬儀のシーンで、参列者役には齊藤監督のつきあいの広さから、お笑い芸人、若手俳優など豪華なメンバーが参加。野性爆弾のくっきー、ラバーガールの大水洋介、神戸浩、佐藤二朗、伊藤沙莉、波岡一喜など。父もその一員。この場面、各人のエピソード・トークは「アドリブで」という指示が書かれている。ところが、出演者はおおむね台本通りに演じていて、父は「あれはアドリブになってない」とこぼしている。父の役は手品を披露して、白いボールを出す。実はこのボールこそが、父と次男の唯一の想い出につながる品で、つまり重要なアイテムなのだが、父はそれを台本から読み取れていただろうか。もちろん、それで思わせぶりに演じるなどということは、絶対にしないのが父という役者だけれど、「アドリブで」を重視しすぎて（父にとっては、そのおかげで気が楽だっただろうけれども）、全体の中でのボールという小道具の意味を捉え損ねていたのではないかと思った。父の芝居は、監督の狙い通り、芝居臭さは一切なく、できるか不安だった手品も成立して、まずまずの出来栄えになったと思うのだが…。齊藤監督には、私が構成した２０１０年にＮＨＫで放送された『色つきの悪夢～カラーでよみがえる第二次世界大戦』というドキュメンタリー番組に出演していただいたことがあり、「戦争記録を、どう若者たちの戦争記憶にするか」について語ってもらった。大の映画マニアで「『戦艦ポチョムキン』が好き」とも、漏れ聞いていたので、父が『医師たちの恋愛事情』に週ゲストで出演すると決まった時には、齊藤監督のそんな情報を耳打ちしておいた。私も父からさんざん「見るべき映画」として、「戦艦ポチョムキン」の話を聞かされたことがあるからだ。ひとまず葬儀の場面は無事終わり、監督に送り出されて現場を後にする。控室までのわずか十数メートルを車で移動する。那須に帰宅。

10月2日　東京・荻窪マンション

母と電話。父がクソ医者と悪態を付いていた脳神経の先生から、診察を断られたと聞かされる。「受診の態度が悪かったからやろか」と母は困っている。こちらが診断を録音したいと申し入れたりしたことも気に入らなかったのかもしれない。

もう一度、母の話をよく聞くと、担当医が代わるだけらしいので、元々相当相性が悪かったから、むしろ良かったのでは？　診察してもらえないわけじゃないから大丈夫だよ、となだめる。

11月29日　那須・実家

父、友人とのお茶に出かける。運転は控え、母の運転する車の後部座席に乗り込む。お茶の席に家族の同行は相変わらず拒んでいる。庭いじりの道具は、夏から放り出されたまま。父の唯一の家事だったが、体力が落ち、歩くのも覚束なくなり、もう庭仕事に手を出すつもりはないようだ。それにしても夏に中断した時のまま、道具類が放置されている。

夜中に父が起きだしてくる。テレビ朝日の『やすらぎの郷』からオファーがあり、大量に届けられた台本を読み込む父。近くは日テレの『スーパーサラリーマン左江内氏』（福田雄一演出・脚本）の仕事があり、そのセリフを覚える。

12月11日　東京・荻窪マンション

母と電話。父が株の利回りをアテにして、新規の株を追加購入したが、配当の振込が間に合わず、母に借金したと。株を始めて以来、さんざん母や友人に投資を勧め、金を突っ込ませながら、配当があった時も一度もおごったりプレゼントしたりしなかったくせに、その配当分がショートして、それも母に借りて追加購入するとは！　おまけに「振込まれたらすぐ返す」と言いながら、母が追及するまで知らん顔をして、トボケようとしていたらしい。普段から生活費を潤沢に渡しているわけではないし、ヘソクリは母が那須に行ってから地元の農村レストランでコツコツ働いて貯めたものなので、そういうことを軽く考えている父のこういうところ、本当にズルくて嫌になる。

12月14日　東京『スーパーサラリーマン左江内氏』月島ロケ

朝、新宿のホテル前待ち合わせに、電車の遅れで遅刻。待ち合わせ時間ピッタリには着いたのだが、父は常に20～15分前集合・出発が基本なので置いていかれる。そこでロケ先の月島での合流を目指して移動。

月島・もんじゃ屋。最近のドラマ撮影らしく、カメラをマルチアングルで同時に3、4台回すので、映り込む画角が２００度くらいあり、狭いもんじゃ屋の中、スタッフがカメラから逃げるのに苦労している。第2話の物語は、下町の住宅街の再開発計画に乗ろうとする、もんじゃ屋夫婦が、反対派から嫌がらせを受けているのを、実はスーパーマンであるサラリーマンの左江内氏が解決するというもの。父はそのもんじゃ屋の主人、その妻が若い頃から何度も共演し、盟友とも言えるつきあいの佐々木すみ江さん。二人は、昔、ダンスのレッスンを一緒に受けたこともあるらしい。ちなみに父は、足の形がキレイなのと、センスがあるからという理由で、バレエダンサーにならないか？　と、スカウトされたことが自慢（笑）。

この日も父は細かいセリフがあやふや。休憩時間にマネージャー、APさんも加わって台本を確認して本番に臨む。語尾をにごす程度ならまだ良いのだが、「土地を○○する」など大事な決まりごとのセリフを何度も間違う。助監督からセリフを付け直されるが覚えきれない。ついに、「じゃ、書いてよ」とカンペを要求。バラエティやスタジオトーク番組と違い、ドラマの現場でカンペを出すのは稀なことなので書くものの用意がなく、段ボールにセリフを書いて出してもらう。以前「三木のり平さんが次々にカンペを読みながら自然に芝居をする神技を持っていた」なんて楽屋話を聞かせてくれたものだが、あのセリフ覚えが自慢の父が、しれっとカンペを要求する姿を目の当たりにして、ショックを受ける。

12月20日　東京『スーパーサラリーマン左江内氏』東宝撮影所

東京駅に迎え。東宝撮影所へ。待ち時間の間、食堂ですみ江さんと雑談。すみ江さんが父と私を見比べて、「よくアンタから、この娘ができたわね」と言う。愛想のない父に口八丁の娘……という意味か？　すみ江さんの女子トークは面白い。以前、私も参加したNHKの『わたしが子どもだったころ』財津一郎編にご出演いただいた時、戦時中の話だったたのでモンペの下に男物のラクダのシャツを着込んだり、藁草履を履いたりとベテランならではの役作りをして下さった。「昔は藁草履と言えば、〝佐々木すみ江の右に出る者はおらん！〟」と言われるぐらい、農家のおばさん役がハマってたのに、ちょっと歩いたぐらいで鼻緒ズレするなんて、私もヤワになったわねえ」と自虐ギャグまでかましてくれた。すみ江さんが居ると、父も安心するのか、今日はおしゃべりし過ぎて本番までに疲れてしまうこともなく、落ち着いている。

スタジオ内では、クロマキー撮影の準備が進められている。左江内氏が老夫婦をぶら下げて、月島一帯を空から見せる場面の合成のために、緑のスクリーンの前で、ワイヤに吊られた状態の三人を撮って、ドローンで撮影した背景と合成するのだ。老夫婦は座布団に座り、それを左江内氏が持って空を飛ぶ…というスタイルの飛行なのだが、座布団の下が宙に浮いているように見せるために、座布団はT字型の飛び込み台の先みたいなところにセットされている。その高さが空中1メートルぐらいにあるので、細い板を渡って座布団に座るのは、足元が危ない織本にはかなり難易度が高そうだった。その危険性に、誰よりも早く気付いたのは、座長の堤真一さんだった。セットの準備風景をチラッと見て、すぐさま福田監督に進言した。「織本さんと佐々木さんを、あそこに座らせるのは、危なくないですかね？」堤さんは「自分の位置はもっと低くなっていいから、二人が無理なく腰掛けられるぐらいの位置に、座布団の高さを下げてはどうか?」と提案。すぐさまセットは組み直され、二人はスタッフに支えられ、踏み台を使って座布団へ。それを手に支える形で「飛ぶ堤さんは、地面から10センチ浮くか浮かないか…という位置になってしまったが、問題なく撮影を進めることができた。

この日の撮影終了後は、堤さん自ら、スタジオを出る織本とすみ江さんを見送ってくれた。車に乗るすみ江さんをさりげなくエスコートし、手を貸す堤さん。車に乗り込んで、すみ江さんは言った。「堤さんは本当に、よく目配りが出来て優しいのよね。だから共演した女優さんたちは、み〜んな堤さんに惚れちゃうのよ。それでボロボロになっちゃうのよね〜」。さすがすみ江さん、よくわかってらっしゃる。こういうぴりりと辛口な女子トークが抜群に面白いのだ。

12月25日　東京・荻窪マンション

母と電話。母曰く、「病院に連れて行ったら、私の車の運転にうるさい、うるさい。毎日、毎日、偉そうに言われてます。三月に撮影する(『やすらぎの郷』の)台本を今から覚えたって…。夜中まで台本抱えて。そんなに無理して読まんでもいいのに、台本が束になるほど届いたから、毎日必死に読んでるわ」。この頃、父は日にちがわからなくなり、何度確認しても曜日が覚えられず、カレンダーを見ても今日が何日だかわからなくなってしまったようだった。時計の文字盤を見ても、時間が読めなくなり、「今日は何日だ？　今何時だ？」を、一日中繰り返しているそうだ。株のお金は返してくれたのか？　と聞くと、明日銀行に出しに行く、と。

12月31日　那須・実家

年末の帰省。父は『ＮＨＫ紅白歌合戦』を見ながら年越しそばを食べ終えると、台本を手に早々に床に就く。

２０１７年

１月１日　那須・実家

元日。干し柿食べ、お雑煮。年賀状の宛名書きは完全にできなくなって、私が代筆する。

１月14日　東京・荻窪マンション

母と電話。『やすらぎの郷』の撮影、３月の予定が、４月か5月に延びると。だから、「すぐ覚えなくてもいい」と言われているのに、毎日夜中に起きだして台本を読む。「もうセリフは覚えたんだけどな」とか、言うんだけど、何言うてるの、えらそうに。毎日忘れてるのに。話を聞き、「そんな状況で、ちゃんと演じられるのか？」と不安になったが、現場では「他の出演者も高齢だから、リハーサルも時間をかけて十分にやるのでご安心下さい」と言われているのだと。母が大腸のポリープを内視鏡で取ることになり、手術入院をするので、その間、那須に帰って父の世話をして欲しいと。日取りを確認して、電話を切る。

1月28日　東京・荻窪マンション

母と電話。毎日台本抱えて、毎日忘れてます。偉そうにされて、ものすごい腹立つわ。晩御飯が遅くなったら、立ち上がって睨みつけてね、「早く、飯食わせろ」と。

2月9日　東京・荻窪マンション

母と電話。父の誕生日。帰る予定だったが、那須は雪なので延期した。父はマネージャーの齋藤さんからステキなセーターを贈ってもらってご機嫌。

2月25日　那須・実家

母に駅まで迎えに来てもらう。車中で母の愚痴を聞く。父の命令で銀行に記帳に行ったのに、帰りが遅いといわれ、ついにキレて怒鳴り返した、と。「何様やねん、朝からあんたのことだけで動いてるのに」(この頃、父はストーブの付け方もわからなくなっていたので、母が居ないと何も出来ず怒鳴ったのでは……)。「生活費も入れんと、一杯お金掛かってるのに、知らん顔して何様や！」そりゃ配当がそこそこあったのに、それを母には一銭も渡さず、仕事で入ったギャラも全て株に突っ込んで、それでも足りずに母に立替を頼んで、その返済をする日に、怒られたら、母がキレるのもわかる。

誕生日のケーキを準備する。90歳のロウソクを付け、吹き消してもらう。「80歳から90歳は、アッという間に過ぎたね」と、父。プレゼントのスカーフを渡す。母が巻いてやる。母が「平成29年2月9日で、ふくふくや。それで90歳なんて大福大福！」と祝福してあげる。車中では、あんなに怒っていたのに父を持ち上げて……。私の撮影を盛り上げてくれるための発言なのだろうが、ホント人が好い。

3月1日　東京・ファミレス

テレビ番組のエンディングパートのため、『やすらぎの郷』脚本家の倉本聰先生へ手紙を書く。ドラマ『やすらぎの郷』に出演するため、毎日セリフを覚え、そして眠ると忘れてしまう父。果たしてそんな状態の役者は、役者といえるのか。役者として、仕事を受けていいのか。そんな自分を自覚できない役者に、家族はどうつきあい、引導を渡せばいいのか？　それをご相談させていただけないかと。倉本先生とは、以前フジテレビのドラマのメイキング・ドキュメンタリーでお仕事をご一緒させていただいたことがある。また倉本先生の奥様の平木久子さんと母は、俳優座の養成所時代、原宿で一緒に住んでいたこともあり、ご相談の手紙を送らせていただいた。迷ったが、父には明かさずに手紙を送る。明かせば、「俺の仕事に口を出すな」と怒り狂うのはわかりきっていたし、一方で今私が感じている、父の仕事に対する不安定さ、この状態で仕事を受け続けても大丈夫なのかという私の抱える不安……、それを相談したかった。倉本先生への手紙には、「相談したいことがあります」とだけ書いた。数日後、ありがたくもお電話をいただき、そこで父の記録映像を撮影していること、今回のご相談もテレビ用に撮影させていただけないだろうか？　ということを、改めてお願いし、承諾を得る。

3月29日　東京『やすらぎの郷』衣裳合わせ・本読み　世田谷・TMCスタジオ

控室の織本、台本を読む。さんざん読んでいるはずなのに、突然「この漢字は、〝ぶん〟か？〝ふみ〟か？」と聞いてくる。「『追悼文』なので、〝ぶん〟です」と答えるが、疑わしそうな反応をする。移動して、衣裳合わせの部屋へ。監督、スタッフと挨拶して、衣裳決めに入る。まずはスーツ。流行りの細身のスーツにとまどったのか、「小さくない？」と。衣裳さんに「小さいですか？」と聞かれ、こんなものかと納得したのか、「小さくなければいいよ」と。スカーフに細かく注文を付ける。サングラスは一見「ブルース・ブラザーズ」風で、ちょっと違和感。ヤクザっぽい風体を狙うにしても、少し若者向け過ぎるのでは？「怖すぎる？」と聞く織本。監督から、「怖くはないけど、形はいいのでもう少し薄い色にしますか」という意見が入って終了。続いて、読み合わせ。『本読み』なので、ただ台本を読めばいいだけなのだが、すでに三カ月間ずっと台本を離さず、毎日覚えては忘れて…を繰り返した織本は、ほぼ台本を離して、セリフを口にする。それを見て、安心した様子のスタッフ。見ている私としては、「いやいや、たまたま今日調子が良くても、いつもそうとは限らないんだから。明日には忘れちゃうかもしれないんだから…」と、やきもきするが、そのまま和やかに終了。プロデューサーに見送られ、車に乗り込み、スタジオを後にする。

4月3日　千葉県『やすらぎの郷』富浦海岸・大房岬自然公園ロケ

控室で、次のスタジオで着る紬の着物の衣裳を合わせる。山本圭さんが入り、メイク。圭さんは長年、私が構成で参加していた『ムツゴロウとゆかいな仲間たち』のナレーターとして、親しくお仕事をさせていただいた間柄。この『やすらぎの郷』では、主人公・菊村栄（石坂浩二）の友人で、時代劇で人気を博した俳優・岩倉正臣＝大納言（仇名）役で出演中。久々の再会に、思わず声をかけて、ご挨拶。織本も衣裳に着替え、メイクを終え、現場に向かう。ロケ地の自然公園は、厳密に自然が保護されているとかで、登録された車（エコカー）しか現場に入れないとのことで、老出演者だけが車に乗り込む。長い急坂を下って海岸に降りると、八千草薫さんの車椅子に寄り添って立つ織本の姿が。父の役は、このテレビ界に貢献した人だけが入れる老人ホーム「やすらぎの郷」の創設者であり、芸能界に君臨したプロダクションの会長。若い頃は海軍の参謀であり、八千草さん演じる九条摂子とは、その頃からのつきあい…という設定。小佐野賢治、児玉誉士夫のようなイメージなのだという。倉本先生が高齢俳優の中から、戦時中若手参謀だったとしてもおかしくない年齢の俳優として、織本に声をかけてくれた。父はこのドラマの出演者の中でも、最高齢俳優なのだ。

砂浜で海を眺める九条摂子と加納英吉の姿を、あらゆる角度から…海の中からも…狙う。その画角に合わせて、映り込む砂浜に打ち寄せられたゴミをスタッフがキレイに片付ける。遠くから、二人を見つめる菊村の姿も撮影。折しも日が傾き始め、午後の海辺のシーンは終了。

4月10日　富良野　倉本聰先生取材

テレビの撮影で、倉本先生に父のことを相談するため、富良野を訪ねる。「老いて役者として成立してない父を家族はどうすればいいのか?」「本人に自覚させ、自ら引かせるべきではないのか?」と倉本先生に聞く。先生曰く、「作家は自分の心をストリップするが、役者は肉体をストリップする。老いた役者には、その枯れた肉体でしか表現できないものがある。若くて美しい役者を時分の花というが、老いてなお咲く花もあるのではないか。だから現場から望まれたら、役者はそのままの姿を晒して、みっともなくても演じればいい。

家族はそれを送り出せばいい」と。「いいんですかね？」と私が重ねて聞くと、「いいんですよ」と。「今回の『やすらぎの郷』では、みなさんセリフには苦労している。ちゃんと言えなかったりすることもあります。でも、そもそも私はセリフを勝手に変えちゃいけないなんて言ったことはないんですよ。時間がかかっても、スタッフも対応するから大丈夫」とのこと。父が、あと何回出演を請われ、セリフを覚えて現場に立てるかわからない。だが、それがどんなに大変であっても、家族も覚悟を決めて、送り出すしかないのだ、「織本順吉を…」と、望まれる限りは…。

4月13日　東京・荻窪マンション

父と電話。「全然眠れないんだよ、GWの新幹線移動のことが気になって集中できない」。父が言うには、「駅の構内を歩いたりするのが大変だ。この間は転んだりしたんだ。それで事務所に交渉して、やっと車で迎えに来てもらうように段取りしたのに、なぜそれを反故にするようなことをするんだ」激怒！　ということらしい。そこで、「わかった、やはり車で迎えに来て欲しいと事務所には伝える。でも相当時間はかかると思うよ。トイレにも簡単には行けないような渋滞になると思うし、相当疲れると思う、それでもいいのね。じゃ、そのように伝えるから寝て下さい」。ところが、「寝られない」とゴネる。「話聞いたから、寝て下さい」と言っても、グズグズ言い続ける。母が代わり「電話切らな仕方がないよね、ごめんね」と。

その後、事務所に電話。迎えに来るマネージャーに代わってもらい、事情を話すと…。「現実的に、この仕事が織本さんの最後の仕事になるんじゃないかと思うんですよ。織本さんもこの間、そんなことをつぶやいておられましたけれども。だから心おきなく安心して仕事に臨んでもらうためには、車で迎えに行った方がいい。この問題は、『行きも帰りも、車で』という結論にしましょう」。申し出をありがたく受けて、車で送迎という結論にする。

4月23日　那須・実家

翌24日に、母が大腸ポリープの内視鏡手術で入院する、その間父の面倒を見るため那須に。父は直前まで、母の手術入院のことを伝えなかったのが気に入らず不機嫌。心配だからではない。新聞のラテ欄を確認したり、時計を見て何時か知ったり、ストーブを付けたりという日常の全てができなくなっており、母が居ないと何もできないという不安で、不機嫌になり、癇癪を起こして当たるのだ。では居てもらって感謝するか…というと、そんな素振りは全くなし。今回は母が手術で入院する…という事態なのに、自分のことだけしか考えていないので、ほとほと呆れる。不機嫌なまま一人サッサと二階の寝室に上がっていったのだが、夜中に大きな音がしたので母と駆け付けてみると、何かにつまずいたのか転んでいた。受け身も取れず、顔を打ったと言い、冷たいタオルを持ってこいという。手術前ということもあり、早く寝ようとしていた母は、父が何度もタオルを冷やして来いと要求するのでなかなか眠れない。

4月24、25日　那須・実家

母は入院で不在。父が転んで打った顔は、腫れてもおらず、特に問題はなさそう。昼には『やすらぎの郷』の放送を見て、台本を読んでセリフを暗記。台本を見ると、ビッシリと書き込み。昭和のスターの名前を次々と挙げるセリフがあるのだが、そこで苦戦しているようだ。気分転換にと、庭に運動に出るが、すぐ座って休んでいる。

翌25日、母退院。帰宅後は、少し休んで日常生活に戻る。

5月1日　那須・実家

この日の朝、父の移動に同行して撮影するため、那須へ。母は明日の父の服を準備。ボタンが留められないので、ボタンのない下着を選ぶ。移動時間が長いので、おむつパンツを用意、履くように促すが、納得していない様子。

5月2日　那須・実家〜東京へ移動

夜中2時頃からゴソゴソしていた父が、4時にテレビを付け、灯りを付けて起きだす。遅く床に入った母と私は二時間も寝ていないのだが、父は「気持ちの準備があるから、もう着替える」と言う。暖房を付けているとはいえ、一番寒い時間帯なので、心臓に悪いのではないかと母は心配しているのだが、眠るとセリフを忘れるのではないかと不安な父は、眠ることができず、横になっていられなくなったようだ。母に介添えされて着替え。おむつパンツも履いて、食堂に降りる。時計を気にして何度も見るが、読めない。何時だと聞く。落ち着きなく、鞄に入れた台本を取り出し確認。見て鞄に戻すが、戻し切らないうちにまた開いて確認。朝食……味噌汁に卵焼き。薬。テレビ前に座り、ティッシュは入れたか？　薬は？　などあれこれうるさく指示。今度は玄関まで行って靴の確認。帽子を被ったり脱いだり。また台本を取り出し、確認。ずっとピリピリして不機嫌なまま母に当たるので、母は逃げ出して庭に出て、野良猫と遊ぶ。マネージャーから電話で「間もなく到着するが急がなくていいので、ゆっくり準備して下さい」と。父はじっと座っていることができず、まだ車も来ていないのに玄関から出ようとする。東京から三時間かけてくるマネージャーを、家に入れて休憩もさせずにトンボ返りさせるつもりかと呆れて、「食堂で待ってたら？」と声をかけるが、「うるさいな、いいじゃないか。物語の世界に入って、玄関に座ってるんだよ」と逆ギレされる。ほどなくマネージャーが来て、玄関先で迎えるとすぐ車に乗り込む父。「休まなくて大丈夫ですか？」とマネージャーに聞くと、「こうなると見越してコンビニで少し休憩してきたから大丈夫」とのこと。上りの高速は比較的スムーズに流れていて、四時間程で東京へ。今日はスタジオ近くのホテルに送り届け、明日朝迎えに行く段取り。去り際、「お前も、ホテルに泊まっていくか？」と聞かれるが、撮影機材の準備もあるので、「家に帰ります」と言って別れる。こちらは昨日殆ど眠れていないし。このまま、ピリピリに付き合わされるのは勘弁して欲しいと思ってしまった。

5月3日　東京『やすらぎの郷』　世田谷・TMCスタジオ

朝迎えに行くと、時間を間違えて（多分、時計が読めなくて）朝の5時からホテルのロビーに出て、迎えを待っていたと（…ということは、この日も夜中に目覚めて、また眠るのが怖くてそのまま起きていたに違いない）。朝食は摂ったのか？と聞くが、「何も食べてない、食べたくない」と言う。名高達男さんが楽屋に来て挨拶。かつてデビュー間もない頃、TBSのテレビ小説『さかなちゃん』でご一緒したが、その後は共演の機会がなかった。久々の再会を互いに抱き合うようにして、喜んでいる。転んで打ったところが少し黒ずんでいるので、ドーランで隠してくれとメイクさんに頼むが、さほど目立ってはいない。

セットに入る。リハーサル。セリフが全く出てこない。「後で離しますので、台本見ていいですか？」と本人が監督に聞く。ベッドに移動して段取り確認。スタッフが直しに入る間、セット離れて休憩。2時から起きていて、その後トイレに行くのが大変だからと、水分も摂らず、緊張から何も口にしていないのだとしたら、低血糖になって脳に全くエネルギーが行き渡っていないに違いない。「何か一口でも食べたら？」と声かけるが、「何も要らない」と頑なに言い張る。緊張がマックスなのだろう。「飴なら」と言うので、飴を探しているとと、石坂浩二さんがミルクキャラメルを差し出してくれる。これでようやく、父はエネルギー補給でき、元気を取り戻す。石坂さんに「少年の頃の味がする」と語り、すっかりご機嫌だが、もう少し自分の体の状態を把握してくれるか、人の言うことに耳を傾けてくれたらいいのに。待機中に、隣のスタジオで撮影していた柄本明さんが来てくれる。少し前に、大阪での柄本佑君との仕事を降板してしまったので、そのことを「残念でした」と挨拶に来て下さったのだ。リハ、本番。菊村を迎え入れてのやりとり。休憩。父はここでついに我慢できなくなり、トイレに立つ。寒がりなのでおむつパンツの上に股引を重ね、その上から着物を着て帯を巻いているのだが、股引が分厚いので、それを脱がないとオシッコができない。そのためには帯も一旦解かないと、どうにもならない。前開きのところから、ひっぱり出すというが、指先の細かい作業もできなければ、力もないのに、そんなことができるわけもなく、トイレに一緒に入り、一旦帯を全部ほどき、股引を膝まで下ろし着物の裾をからげてトイレに送り込む。衣裳さんにもう一度、帯を巻いてもらう必要はあるが、高価な織の着物をうっかり汚すより、その方がよっぽどマシだ。出てきたところで、股引を上げ着物を直して外へ。普段の現場は若い女性マネージャーが付いているし、ここまで下着の上げ下ろしができなくなっていると言いづらいこともあって、水分を節制していたのか……と納得するが、糖尿病で心筋梗塞の既往がある人に、水分節制は最も体によくないことなのだ。とにかく父は内弁慶で、母にはどこにも行くなと言って何もかもやらせるくせに、外に出ると「○○ができない」とか「○○して欲しい」は言えない人なのだ。そこで一人で不安になって、自分で対策を練るのだろうが、それが自分の体にどんな影響を与えるか全くわかってないので、危機的なパフォーマンスの低下を招いてる感じだ。

いよいよ、加納英吉が亡くなるシーン。このシーンは、父の提案で、ベッドに横になっているのにサングラスをしたまま息絶えることになった。伝説の黒幕である加納は、生きている間はサングラスで正体を隠し続け、死して初めてサングラスを外すという役作りをし、それを演出の藤田明二監督が面白がって採用してくれたのだ。♪海ゆかば～と歌いながら加納が息絶えると、娘の名倉みどり役の草刈民代さんがサングラスを外し、目を閉じさせる。チェックの後、OKが出て、臨終場面は終了！　石坂さんに花束を渡され、監督に送られて、「加納英吉役・織本順吉さん全編終了！」のセレモニー。最初のリハの時は、カンペが必要か？　と思うほどの状態だったが、キャラメルで持ち直し、さしてNGを重ねることなく終えられた。予定より早めに上がったので、スタッフもホッとしている。社長の万代さんも駆け付けて移動、食事、ホテルに送って解散。その後、もう一本、お仕事の話はあったのだが、それが超能力などの絡むSF設定の話であったため、自分には合わないと思ったのか父は仕事を受けなかった。それで結局、この『やすらぎの郷』が、長い俳優人生最期の仕事となった。

6月13日　那須・実家

撮影した素材がある程度まとまったこともあり、いよいよテレビ番組として形にしようということが決まる。そこでプロデューサー陣が挨拶に来ることになったのだが、来訪を早めに伝えると「あそこを片付けろ、ここが汚い」とうるさく言い出すのが予測できたので、当日になってから話したところ、「なんで突然言うんだ!」とキレてへそを曲げ、二階へ。追っかけていくと「どういう趣旨で取材に来るんだ!」と。「取材ではなくて、いよいよ番組になりますよ、というご挨拶に来る」と話すが、「どういうことかわからない」と怒る。ブラシはどこだ?　メガネはどこだ?　座ってないで探せよ!　客間に行き、俺はどこに座るんだ!　とずっと不機嫌で怒りまくっていて、とにかく面倒くさい。プロデューサーが到着すると、そんな素振りは一切見せずにこやかに対応したのだけれども。

7月16日　東京『総合診療医ドクターG』収録　科学技術館スタジオ

私の普段の仕事風景を撮ってもらうため、『ドクターG』の収録風景を撮影。ゲストの高橋英樹さん、ロバート・キャンベルさんに父のドキュメンタリーのことを話す。キャンベルさんから、「親にカメラを向けてどうですか？　難しいですか？」と質問される。「難しいこともあるけど、客観的になれるメリットもあるかも」と答える。

8月14日　那須・実家

カメラマンとプロデューサーが来て、父のインタビューを撮影。プロのカメラマンのインタビューなので、父は何となく機嫌が良い。正岡プロデューサーが質問していく。偶然のように始まった役者業の話。

2018年
12月31日　那須・実家

朝7時30分、父目覚めるが、起きられない。母と私で手を貸して起こす。最近、毎朝体の起こし方がわからなくなる様子。腹筋がないから仰向けには起きられないのに、毎回仰向けに起きようとしてジタバタしているうち、布団の谷間に入り込んでしまって身動きできなくなる。体を内側に曲げて、手と膝を使えば起きられるはずなのだが、それを毎朝毎朝忘れてしまい、結局仰向けで柱に掴まったりしてようやく立ち上がっている。起こすのに母も一苦労している。

夕食の時、父に「この間のインタビューの時、友人の島端謙吉さんとご対面番組で会ったことを全く話さなかったけど、島端さんはそのことを思い出深く語ってたよ。お父さんは全く思い入れがなかったの?」と聞くと、「いや、話したいことはあった、撮影はやり直せないのか?」というので、「それは無理だよ」と話す。夕食は年越しそば。夕食終えると、疲れているのか早々に二階へ。立とうとして立ち方がわからなくなったのか、立てない。階段も母が支えて上がる。

2019年
1月1日　那須・実家

干し柿を食べ、お雑煮とおせち料理で新年を祝う。父の足を見ると、浮腫んだ部分の皮膚が潰瘍状になり、そこから浸出液がしみだしている。痛くはないようだが、黴菌が入ると大変なので消毒し、軟膏を塗りガーゼで包む。夕食食べ終えると19時には寝に上がる。

1月2日　那須・実家

父が「トイレで用を足した後、足に力が入らず周りに手すりもないので立てない」と言い出す。洋式便所なのだが、低めの椅子から立ち上がる筋力がないのだ。そこで、椅子式の簡易トイレを通販で買い、その枠をトイレに設置。両側に手すりが付いているのと、椅子の位置が高いので、これを補助具にすれば何とか自力で立てるようになる。

1月5日　東京　父、入院の知らせ

かわうそ商会にて、テレビ番組の映像素材編集。方針などを打ち合わせてスタート。夕方17時頃に、父の足の状態を聞こうと家に電話するが、誰も出ない。嫌な予感がする。母の携帯にかけるとやっと出て、父が救急車で搬送されて入院したと。19時、家に帰った母に事情を聞く。「夜中の3時に呼ぶ声がするので降りてみたら、ストーブの前にひっくり返っとって。椅子を支えに立たせてベッドまで移動させたが、また転んでどうにも起こせない。近所の介護職の人にも来てもらって二人がかりで起こそうとするが起こせず、どうしようもなくて、父本人は嫌がったが救急車を呼んだ」「受け入れ先が決まらず、出発までに時間がかかったが、いつも通っていた総合病院に運ばれた」と。「明日行く」と伝えて電話を切る。

1月6日　那須・実家〜病院見舞い

11時過ぎ、那須塩原着。母と駅前で合流。病院へ。入院病棟の父を訪ねる。昨日は病院泊まりだったが「よく眠れた」と言う。だが、少々錯乱しているのか、「なぜ入院したんだ?」と母に聞く。母が「お父さんは倒れて起きられなくなっとったんや」と説明する。父は嚥下状態が良くないため今日は禁食を命じられている。それでもコーヒーが飲みたいというので、ストロー付きのカップなど、入院中に必要なものを購入し、それにコーヒーを入れて用意するが、戻るとぐっすり眠り込んでいたので、そのまま帰宅する。

1月7日　那須・実家〜病院見舞い

10時半、病院へ。嚥下の訓練。ペースト状にしたご飯や野菜、おやつなどを飲み込む訓練。なぜかリハビリのことを〝老人教育〟と言って納得し、前向きに取り組む。起きてベッドに座れるようにもなっている。疲労がたまっていた母も病院にまかせたことで少し楽に。ただ父が「家に電話してくれ」と看護師さんにしょっちゅう頼み、あれこれ用事を頼んではすぐ来てくれと言うので、母は毎日往復40分かけて車で通わなければならない。仕事があるので、私は東京に戻る。

1月11日　東京　事務所訪問

父の事務所へ。父の現状の報告と、父のことを親しい俳優さんにインタビューしたいとお願いする。昔からおつきあいのある、でんでんさんと根岸季衣さんに声をかけてもらう。

1月15日　東京　でんでんさんインタビュー

「織本さんとは何度か共演しましたし、よく中野で飲みに連れて行ってもらった…というおつきあいもありました」「ドキュメンタリーをご覧になってどうでしたか？」「もう一回、ひと花咲かせたいと思って、みんな死んでいくのかな。オヤジさんも、もう一回なんかやりたいんだろうな。オヤジさんがね、まだそのお年でね、役者魂と言うか、そういうのが残ってるのがうらやましいな、と」。

2月2日　那須　病院見舞い

母と那須塩原の駅で落ち合い、病院へ。父は「財布はどうした?」「ホテル代(病院だとわからなくなって。入院費のこと)は大丈夫なのか?」と聞いてくるが、いちいちピントがズレている。「ギャラは出ないんだけど、このホテル(病院)の仕事をしているんだ。ちゃんとした説明もナシに何時間も何時間も待たされる仕事」とボヤキ始める。自分が入院していることが納得できなくて、病院のプロモーション撮影に患者役でつきあっていると言いたいのか?　確かに晩年は、現場に行ってパジャマに着替えて病人の役という仕事が多かったけれども。そんな妄想で入院している自分に折り合いを付けているのか。

「入院してるのでお金は必要ないでしょ?」「今はまだ心臓の状態が悪いから帰れません。ちゃんと入院して治さないと」と説得する。病院なので携帯は使えないから、電話代が必要だという。母が「毎日来てるのに、何を電話することがあるの?」というと口ごもる。

2月3日　那須　病院見舞い

父の病状は危機を脱して回復に向かっている。だが立って歩くことができないので、退院となっても家で母が介護するのは難しい。そこで退院後に入れそうな介護ホームを探すために、母と候補のホームを下見に行く。その後、父の見舞いに。行くと、「家の電話番号を書いてくれ」という。「家に電話しようとしたのに、看護師さんに書いたメモを取られちゃうんだ」と。家の電話番号がわからなくなっていることを、自分がメモを失くしたことを取られたという話にすり替えている。見舞いに行っても、すぐうとうとと居眠りを始めるので、することがなくて帰ろうとすると、「もう少し居てくれよ」と泣きついてくる。看護師さんは、家族よりテキパキと世話をしてくれるが、忙しいので時間はかけてくれない。また家のようにワガママが言えないことと、自力で動き回れないので病院内のどこにも行くことができない。テレビはBSが映らないのと、時間と番組表を教えてくれる人が居ないので、好きな番組を見ることができない。それが退屈で、つまらないから、「家に帰りたい、もっと居てくれ」というのだ。だが来るために、色々用事を片付けて駆け付けても、何をするでもなくウトウトしている人の相手をしていると、こちらまで眠くなってくるし、でもこちらは横になる場所もないので、ただただ疲れるのである。なだめて一時間程度で切り上げる。

2月7日　那須　病院見舞い

東京から那須へ、病院見舞い。リハビリから戻ってきて「百メートル歩けるようになった」と。「階段昇降も始めた。自力で車椅子での移動もできるようになった」と自慢。回復は順調のようだが、まだ転院の話は出ない。こちらも早く、転院先を探さなきゃいけないのだが、父は家に帰れるのを楽しみにしていて、期待満々の様子。でも家での介護は環境を整えるのも大変だし、この状態で入院前のようなワガママを言うかと思うと、母一人での介護はどう考えても無理だ。

2月10日　那須　病院見舞い

昨日の父の誕生日は、雪が降っていたので見舞いは諦めて、お誕生祝は今日に繰り越し。92歳のロウソクを立てたプリンを食べさせ、マネージャーの斎藤さんからのプレゼントを渡す。

2月22日　那須

久々に那須へ、病院見舞い。前回はリハビリも順調で転院間近だと思っていたのだが、今日行くと大部屋から個室に移動させられていて、「会わせたい人がいたら、会わせて下さい。ゆっくり会えるように個室にしました」と。父は移動が不審だったのか、「また移動するのか?」と何度も不安そうに聞く。一時間ほど居て、帰る。

2月23日　那須　病院見舞い

病院へ。昨日は部屋の移動もあって、よくわからなかったのだが、今日訪ねてみると、見るからに弱っている。昨日、医者から「会わせたい人には…」と言われて、残り時間がもうあまりない、ということが急に現実味を帯びた。そこで上がったばかりの二本目のドキュメンタリーを見てもらうことにした。「果たして一時間の番組一本を見通す体力、集中力、理解力があるのか?」と不安も感じつつ、パソコンにＤＶＤをかける。一気に50分見る。途中、私がウロウロすると邪魔だと手で追い払う。そして感想。「俺は幸せな役者だ。こんな幸せなことはない。これは、お前にしかできない」と。疲れたでしょ、寝る?　と聞くと、「感動して寝られない、眠くなんかならない」　そう言って、涙をこぼす。それはとてもうれしかったけれども、父は私がカメラを構え直し、ズームするのを待ってから、涙をこぼしたように見えた。素直に受け取りがたく、感動する気持ちと共に、これはこのドキュメンタリーを、その死の時を撮られる役者がどう締めくくるか、命を賭けて考えた果ての、一世一代の名演技ではないか、私はそれを父の狙い通りに撮らされているだけなのではないか？ と思った。さんざん嫌な面も見せ、撮らせてきたけれど、最後の最後に、娘の仕事を褒める父を演じきって自ら終止符を打ったのだなと感じた。

2月24日　那須　病院見舞い

昨日の、しっかりした受け答えが嘘のように、苦しそうな様子。横になり口を開けて、「苦しいのになぜ何もしてもらえないのか？」と聞く。今日は日曜日で、先生が居ないんだよと説明する。胸が苦しいようなのでさするとアラームが鳴り看護師さんが来た。突然、「三途の川だ。三途の川まで来た。俺は極楽には行かない。地獄に行くんだ。左に居る人は誰だ？ 年取った男の人が居る」と口走る。死神？ 自分自身？ それとも15で死に別れた父親が迎えに来たのか？

2月25日　那須　病院見舞い

病院を訪ねると、ベッドで足のリハビリ（屈伸）を受けていた。横になると肺が潰れて苦しくなるのでベッドアップして横になる。時々、苦しいと言って暴れる。「水を飲みたい」と言うので与えるとむせてしまい母ビビる。帰ろうとすると、「もう少し居てくれ」と情けない声で言う。「日が暮れたから、お母さんも運転不安になるから帰るね」と言って納得させて、帰る。

2月26日　那須　病院見舞い

今日もリハビリ中。ベッドから足を下ろして腰掛け、元気そう。酸素飽和度は86で血流も悪そうだが、リハビリ直後だからか、顔も指先も血色が良い。本人も動いて気持ちいいと。また部屋を移って欲しいと言われて、一旦回復室（という名の物置のようなところ）に移される。危篤に近いのかと思ったら回復するし、個室を準備しても誰も面会に来ないし…ということで別の部屋に移されたのか？　と思った。その後、息苦しさや水が飲みたいと訴えるが、可否を聞こうにも看護師さんは忙しそうで、何もできない。回復室はナースセンターから窓越しに見通せる部屋なのだが、それだけに視線を感じて落ち着けず、早々に帰る。

2月28日　那須・病院見舞い

昼14時半着。「お前、明日は仕事なのか？　夜眠れないから話し相手になってくれ。眠れなくてつらいんだ」と言う。「お父さん、この病室は付き添いが泊まる設備がないから無理やわ」。しばらくすると、「朝方この遮光カーテンの外に人が来て話していたんだが、俺、中国に行かなきゃいけないんだ」「中国？」「契約書にサインしたわけではないんだが、中国に行かなきゃいけない」「お父さん、中国に行く仕事はないよ」「でもそういうことになっているから、俺が行けないと困る人がいるわけだ。サインはしてないけど契約のトラブルということになるかもしれない」と心配しているので、「心配しなくてもそんな仕事はないから大丈夫」と言うが、納得してくれない。明け方、カーテンの外で誰かが話していることを耳にして、妄想が膨らんだのか。そういえば以前、「外国映画のオファーがあり、中国に行ってカメラテストに合格したらそのまま出演という話があったが、撮影中の単発ドラマが一日だけ重なるので行けなかった」と聞いたことがある。「ＭＩＳＨＩＭＡ」に出た翌年くらいの話だ。それがよっぽど心残りで、ふと妄想になって現れたのだろうか。今度は「水飲みたい。タオルの端でもいいから、口を湿らせてくれ」と訴える。だけれども、数日前から嚥下能力が落ちたからと絶飲食になっている。「飲ませると肺に水が入り誤嚥性肺炎になる、そうなると熱と呼吸困難で苦しんで亡くなることになります」と言われてるので、ためらう。看護師さんに聞いてみるが、「どうしても、という時はこちらでやりますので」と言われる。

3月3日　那須　病院見舞い

今日は事務所の人たちが、お見舞いに来てくれる。程なく社長の万代さん、いつも付いてくれていた齋藤さんが来て、父喜ぶ。「来ましたよ」「もうダメだ」「あっち行ったら色々な人に会えますよ」と万代さん。実は昨年から同じ事務所の江波杏子さん、佐々木すみ江さんも亡くなっているのだ。盟友とも言える佐々木さんの死は、寂しがるかと思いまだ父には伝えていなかった(同年2月17日死亡)。万代さんから、「ドキュメンタリーの番組ができたのは良かったですね」と言われ、「これ(私)がこういう仕事だから」と。「二本のドキュで結美さんの評価も上がった。それは織本さんのおかげ」と言われ、うれしそう。一旦外に出て、また戻ると体重測定が始まる。シートみたいなものにくるんで、バネばかりに吊るして量る。体重41・1キロ。入院前は50数キロあったが……。二人が帰り、本人が寝付いたので私と母も帰る。

3月4日　那須　病院見舞い

ベッドに近付くと、パジャマをたくし上げ、痩せてアバラが浮き上がり骨と皮になった自分の体を、不思議そうに手で撫ぜ回して確認している。役者だなあと思う。戦時中でも家が農家だったので「ひもじくて辛かった」という話を聞いたことはないが、なぜ今こんな状態なのか、自分でも納得ができないのだろう。病院から駅に向かい東京へ。

3月5日　那須　病院見舞い

今日はデスクの小西さんたちがお見舞いに来るというので、私も病院へ。「お見舞いがあるよ」と伝えると、カッコ付けたいのか「髭を剃ってくれ」「起こして胡坐をかかせてくれ」と言う。「何日も起きてないから、体力が持たないと思うよ」と言ってみるが、「だって顔がわからないじゃないか」と。母には「十万か、二十万置いていってくれ」「何に使うの?」「だって電話もかけられないじゃないか」「必要ないでしょ」と押し問答。夕方5時頃、小西さんら五人が東京から車で来る。次々手を握って話す。みんな父に付いてくれたことのある人たち。手に触れて「君らは温かいな」とうれしそう。聞き手が多いので、「人間は未完成で死ぬんだ。早坂暁さんと『アイウエオ』という番組で……」など、定番のエピソードを繰り返す。そして「こいつとは喧嘩ばかりだ」と締めくくる。皆が帰った後、たくさんしゃべって、よほど空腹になったのか、点滴スタンドの丸いネジを見て、「その飴玉ちょうだい」とねだる。「これは飴じゃないよ。喉に詰まると大変だから、飴玉はあきらめてね」と説明。

3月8日　那須　病院見舞い

今日は根岸季衣さんがお見舞いに来てくれる。親しい根岸さんの顔を見て気が緩んだのか、「飴玉持ってない？　何か食べるものをくれよ」と激しく訴えるが、「苦しいね」と言ってもらい大人しくなる。声はかすれて殆ど聞き取れず、私が父の言葉を通訳する。「呼吸が大事。リアリズムは自然の摂理に従え。今の若手は芝居ごっこ」などとしゃべり続ける。若手との仕事も多い根岸さんは、「若手にはリアルではないけど凄い子もいますよ」と話すが、ここ数年、ドラマも映画も見ていない父にはピンと来ない様子。休憩室に移動してブレーク。「夫婦役で共演してる時、奥さまと長い間別々に暮らしていたから、那須の家で夜中に目覚めた時に隣から人の寝息が聞こえるとビックリする、なんて言ってましたよ」と。他にも「誰かが先に新聞を読むと、角を揃えてくれないのでイライラする」とも言っていたと。根岸さんが頼んでくれたお見舞いのバルーンの籠がご本人に一足遅れて、届く。ゆらゆら揺れるバルーンを見て、「季衣が面白いものを持ってきてくれた」とご機嫌。

3月11日　那須　病院見舞い

眠っている。目覚めたので、「来たよ。どう?」「お前がいてくれて安心だ」番組は今回の方が好評だと伝えると、「お前はいい仕事を選んだ」と。そしてうわごとのようにつぶやいた。「お前は俺の血を継いでいる」どういう意味か聞こうとしたが、目を閉じる。

3月12日　那須　病院見舞い

妹の菜美が神戸から見舞いに来る。駅に迎えに行き病院へ。かなり危なそうだが持っていること、食事も水も禁じられているが、「帰りたい、食べたい」と言われるので困っていると伝える。菜美が病室に入り声をかけると、「よく来たね、一人で来たの?」「美人になったね」菜美が聞き取れないので通訳しながら、「私と随分態度が違うねえ」とチャヤチャヤを入れる。妹夫婦が円満なのを父はとても喜んでいて、妹が「私には過ぎた旦那です」と言うと「そうだ、過ぎた旦那だ」とジョークを繰り返して笑っている。だが後半は「水が飲みたい。タオルを濡らしてくれたらそれを吸うから」「今日は車で来てるの？　それに乗せて連れて帰ってよ、なんで帰れないんだよ」と駄々をこねる。

3月17日　那須　病院見舞い

布団を脱いで枯れ枝のようになった細い脚を出し、「水が飲みたい」と訴える。怖い顔して「そこにいるのは誰だ？」と言うので、「私よ、結美や。こっちは菜美や」と説明するが、「わからない」と。三日ほど東京に戻っている間に私の顔は忘れられてしまったらしい。菜美のセーターの花飾りを飴と間違ってちぎろうとする。心電図のコードを外してしまう。直しに来た看護師に「水だけでも駄目ですか？」と聞いてみるが「肺に入ったら苦しがるので。後で口を湿らせておきます」「私たちがやってはダメなのですか？」と聞くが許可はもらえない。

3月18日　那須　臨終

朝9時過ぎ、電話が鳴る。嫌な予感。病院に折り返してかけると、「血圧が下がり始めています。危ないので来て下さい。でも一刻をあらそうことではないので、ゆっくり来ていただければ……」

病院に到着。病室に入ろうとすると止められ、「先生を呼んでくるからと」。30分ほど廊下に放置されたままなので、様子を見てみる。目は開いているが焦点は合っておらず、首が動いているので呼吸をしているのはわかるが、目も乾きかけている感じ。医者が来て、外へ誘われる。「もう、間もなく」だと。死因は「立派な老衰です。点滴で一カ月持ったことも含めて」。最期を撮影したいと頼むが、「映像を放送に出すなら病院長の許可が必要です」　やりとりしていると看護師が出て来て、「心停止です」と。バタバタと入るが、もう呼吸していない。「生きるとは呼吸と言っていた父の、最後の呼吸を撮りたかったのだが」。死に顔だけスマホで撮影する。撮影を止めるのを確認して、医師が死亡宣告する。

亡くなった後の作業……清拭やら着替えやらは看護師さんだけで行うとかで、私たちは手を拭いただけで「外でお待ち下さい」と言われる。それでも見届けたくて病室に戻る。裸にされた父は、痩せこけて骨と皮になった体と不釣り合いに、おちんちんとタマだけが元気な頃のままにポロンと存在感を放っている。鼻、口、肛門にガスを詰める。看護師に聞くと固めて脱糞とかをしないようにする処置だと言う。葬儀社に電話。寝台車が到着すると、荷物をまとめて出口へ。その時、出口まで行くのに、入院患者や通院患者に出くわさない裏動線のような通路があり、死亡した患者はそこを通って出されるんだなと気付く。確かに病院に通院する患者が亡くなった人を見かけてしまったら、たとえそれが老衰による円満な死亡だとしても、「縁起が悪い」と治るものも治らなくなる。寝台車に遺体を移す。外は氷点下並の寒さなのに、全員で見送る決まりなのか担当医師、看護師、みんな薄着のまま整列している。「寒いので入って下さい」というが動かない。そのまま見送られて出発。菜美はこの日に神戸に帰る予定だったので、「無事、死に目にも会えたし、葬儀は二人だけでやるから、このまま帰りなさい」と母に言われ、妹とはここで別れる。

小一時間走り、葬儀社のなすの斎場へ。明日は友引なので葬式は明後日。それまで遺体はここで預かりますと。帰宅し、父の事務所と番組プロデューサーに電話。疲れたのか食卓に着く母の背中が、曲がって小さくなっている。「背筋伸びんかもしらんけど、そんなふうにしてたら背中が曲がってしまうよ」と背中をさすって伸ばす。

3月20日　那須　家族だけの見送り

朝、なすの斎場で東京から来たプロデューサーと合流。最期のお別れ。「父はお葬式が大嫌いで、さんざん不義理をしてきたので、誰かに参列してもらうのは申し訳ない。家族だけで送ります」と二人で送ることにした理由などを話す。延々と走って焼き場に到着。最後に顔を触り、「お疲れ様」と声をかけて炉に入れる。最新の火葬場では煙突から煙も出ない。「小津映画のようには行かないんだね」と正岡プロデューサー。煙突の先で陽炎が揺れ、カメラマンの手嶋さんはそれを撮る。焼き上がり、正岡さん、手嶋さんの手も借りて骨上げ。骨壷に入った骨はみっしりと重い。係員が「急なお亡くなりでしたか？　立派な骨です」と。重さは量ると7キロもあった。車で帰宅し、客間に祭壇を作る。

翌日、事務所からお花が届く。家の中は、シーンと静謐で、いつもいつも存在感を主張していた人がいない。母と二人だけの空間は、みっちりと均質で、違和感が一つもなく、繭に包まれたように静かだ。二人だけで食事する。居ないのが当たり前で、なのにいつも、どこかにひっかかっていた父が、もうどこにも居ない。お湯に漬かるような解放感がジワッと広がっていく。母はどう感じているのかわからないが、二人だけの閉じた幸せな時間が、ずっと続けばいいのにと思った。もう母が、父に苦しめられないように。

父は、仕事を選ぶ時、長く続くドラマで共演者と家族のようになることを嫌って、単発の仕事、ゲスト出演などを好んだ。短い出演場面の仕事で、長く出続けている人と同じくらいの存在感を出すために演技の工夫を凝らして、一瞬でその人物の人生を表現できるよう、物語の背景を感じさせるよう、リアルで存在感ある芝居を心がけた。実人生では、必要な時に居なくて、たまに居ると必要以上に家長であることを主張して、主張し過ぎて、存在感過多で、父としての存在感のコントロールが生涯ダメダメだった。だけど、だからこそ父はドラマの中だけでは、絶妙に存在感を主張できたのかな。

もし父にとっての実人生の共演者が私たちで無かったら、父はもっと別の父親を生きられたのだろうか……。

あとがき

父というカケラを探して

父が居なくなったことについて、寂しい……と思ったことはない。それぐらい居ないことが我が家における通常運行だった。だから父自身はどう思っていたかはわからないけれど、父はついに最後まで、空気のように居るのが当たり前の存在であるところの＝家族、にはなれなかったのかもしれない。

ドラマの中でなら、過不足なく存在感をコントロールできた人が、実生活ではなぜ、それができなかったのか？　そんなことを考えながら、この『ジツゴト』を書いていると、父は家族として存在できなかったのではなく、意図的にやらなかったのではないか？　と思えてきた。その理由は、父にとっての母や私たちが、「妻」や「娘」として、常に自分を敬い立てる、理想の存在ではなかったから。ただ、現実に家族を持っている人なら、そんな妻や娘がいないこと、また必要なのは、そんな理想の部分で無いこともわかるはずだ。残念ながら我が家には、その満たされない部分を埋めるための、家族の熟成期間みたいなものが存在しなかったのだと思う。そして他者に理想を求めるならば、自分自身も理想に近付かなければならないという、当たり前の世の理を父はついに学習できなかったのだろう。

父が居なくなって残念だったことは、「もう父の新作が見られない」ということだった。だが父の死後、6年も経った2025年春、幻のインディペンデント映画「少年」と、人気ドラマ『最後から二番目の恋』の続編という形で父の新作が発表されることになった。この「ジツゴト」を書く時間は、亡き父への答えなき問いかけのようだったが、その終わりに届けられた新作に、ご褒美をいただいたような気がする。父が生涯に演じた役は2000あまり。まだまだ未見の作品がある。私の知らない織本順吉を作品の中に見つける度、私は「父というカケラ」を手にしたようなそんな気がするのだ。

参考文献

『すべての道は役者に通ず』春日太一（小学館）
『別冊映画秘宝特撮秘宝 vol.3』 織本順吉インタビュー（洋泉社）
『あの日　昭和 20 年の記憶』（NHK 出版）
『限りなく創造発展への軌跡 東芝労働組合小向支部四十五年運動史』
『二渓の風に乗って』神奈川県立神奈川工業高等学校
劇団青俳公演パンフレット

ジツゴト
2000の役を生きた俳優・織本順吉

2025年4月6日　初版第１刷発行

著　者　　中村結美

発行人　　星野晃志
編集人　　三浦理高
編　集　　山田正人
装　幀　　島岡進

発行所　　株式会社キネマ旬報社
〒104-0061
東京都中央区銀座3-10-9 KEC銀座ビル2F
https://www.kinejun.com/

印刷・製本　三晃印刷株式会社

ISBN978-4-87376-495-5